哥窑的新发现

沈岳明　郑建明　著

文物出版社

北京·2018

图书在版编目（CIP）数据

哥窑的新发现 / 沈岳明，郑建明著. —— 北京：文物出版社，2018.10

ISBN 978-7-5010-4501-3

Ⅰ.①哥⋯　Ⅱ.①沈⋯　②郑⋯　Ⅲ.①哥窑—研究　Ⅳ.①K878.54

中国版本图书馆CIP数据核字（2015）第318230号

哥窑的新发现

著　　者：沈岳明　郑建明

责任编辑：谷艳雪　王　媛
封面设计：程星涛
责任印制：陈　杰

出版发行：文物出版社
社　　址：北京东直门内北小街2号楼
邮　　编：100007
网　　址：http://www.wenwu.com
邮　　箱：web@wenwu.com
经　　销：新华书店
印　　刷：河北鹏润印刷有限公司
开　　本：710×1000　1/16
印　　张：7.25
版　　次：2018年10月第1版
印　　次：2018年10月第1次印刷
书　　号：ISBN 978-7-5010-4501-3
定　　价：88.00元

目　录

宋五大名窑汝、官、哥、钧、定中，哥窑历来受到收藏家、鉴赏家、考古学家等的重视和关注，但哥窑的研究却是迷雾重重。由于缺乏宋元时期文献，且后代文献记载常是一鳞半爪，有的还相互矛盾，致使哥窑面目扑朔迷离。虽然数十年来与哥窑相关的考古实物资料不断增多，并且也据此解决了一些问题，但这些实物资料以及由此而得出的结论往往无法与文献记载对应，有些甚至南辕北辙，关于哥窑的特征一直是众说纷纭，哥窑还有了文献哥窑与传世哥窑之分。

　　传世哥窑瓷器数量不多，大多源自清宫旧藏，现以北京故宫博物院、台北故宫博物院收藏数量最多。传世哥窑器胎体厚薄不同，胎质又分为瓷胎和砂胎，胎色有黑、深灰、浅灰及土黄多种，釉均为失透的乳浊釉，釉色有粉青、月白、灰青、青黄多种，器形以仿古代青铜器造型为主，常见器物有炉、瓶、碗、盘、洗等。质地优良，做工精细，釉面滋润，多有缩釉小坑，开有不规则的细纹片，有的或部分纹片呈黄、黑二色，俗称"金丝铁钱"，烧造时大部分在器底用支钉支烧。

追根溯源，对哥窑的认识产生如此多的分歧，在于学者对古代文献的梳理和解读各取所需、没有全面系统地分析研读，以及对传世哥窑产品特征的误读。故研究哥窑，有必要从梳理古代文献开始，以期弄清哥窑的真相。

1 明清文献记载中的哥窑

尽管哥窑被归为宋五大名窑之列，但关于哥窑的记载却并不见于宋代文献，元代始有"哥哥洞窑"和"哥哥窑"之谓[1]，"哥窑"之称则主要见于明清文献。

有关哥窑的明清文献中，最早的是明初曹昭的《格古要论》，随后是《宣德鼎彝谱》。有关哥窑记载的大量出现是在嘉靖中后期，即公元16世纪中叶前后，这与明代以后古玩商品化的大背景有关。明代晚期（约当1582年到明亡）对哥窑的认识与嘉靖年间并无大的出入。至清代，开始形成有关陶瓷方面的专著，但有关哥窑的记载多沿袭嘉万年间形成的认识而陈陈相因，变化不大。

虽然文献记载比较简单，往往只是一鳞半爪，但前人对于哥窑的时代、烧造地点、产品特征等的认识，都包含在这些文献中，是我们揭开哥窑之谜的重要参考。现按时代将有关哥窑的文献梳理如下。

第一节　有关哥窑的明清文献

一　明代早期文献

明代早期文献很少，仅见《格古要论》和《宣德鼎彝谱》。

1.《格古要论》[2]

明曹昭（元末明初）撰。全书三卷十三论，有曹昭自序，

[1]（元）孔齐撰，庄敏、顾新点校：《至正直记》，卷之四"窑器不足珍"条："乙未冬，在杭州时，市哥哥洞窑器者一香鼎，质细虽新，其色莹润如旧造，识者犹疑之。会荆溪王德翁亦云：'近日哥哥窑绝类古官窑，不可不细辨也。'"上海古籍出版社，1987年。这是明代以前涉及哥窑的唯一的文献。

[2]（明）曹昭：《格古要论》，夷门广牍本。文渊阁四库全书本《格古要论》亦作"哥窑"。王佐于明景泰七年（1456年）至天顺三年（1459年）间增补的《新增格古要论》（浙江人民美术出版社，2011年）则成了"哥哥窑"。《佩文韵府》（文渊阁四库全书本）引《格古要论》也为"哥哥窑"。有关《格古要论》称为"哥哥窑"的仅见于此二文献。

书成于明洪武二十年（1387 年）。是最早出现"哥窑"一词的文献。其《古窑器论》"哥窑"条：

> 旧哥窑，色青，浓淡不一，亦有铁足紫口，色好者类董窑，今亦少。有成群队者，元末新烧者，土脉粗燥，色亦不好。

该条文献描述了哥窑的基本特征：色青、铁足紫口，并明确哥窑有"旧哥窑"与"新烧者"的区别，而新烧者的时代为元末。

但该条文献没有指明哥窑的产地，也没有指出旧哥窑的烧造时间，它可能是早于元末的元代早、中期，也可能是更早的宋代。然考之"古窑器论"下的条目顺序，依次为：柴窑、汝窑、官窑、董窑、哥窑、象窑、高丽窑、古定器、吉州窑、古磁器、古建器、古龙泉窑、古饶器、霍器等，其中柴窑"世传柴世宗时烧者"，汝窑"宋时烧者"，官窑"宋修内司烧者"，明确为按时代早晚排列，五代柴窑最早，汝窑、修内司官窑次之，因此推测其他诸窑的排列顺序也应如此。排在最后的古饶器和霍器，是讲元代瓷窑的情况，那古饶器条之前柴窑之后，即从董窑到龙泉窑诸条，讲的应该是五代之后元代之前也即宋代诸窑口的情况。证之近代以来的瓷窑址考古成果，除董窑、象窑至今未明之外，汝窑、官窑、高丽窑、定窑、吉州窑、磁州窑、建窑、龙泉窑的鼎盛时期均在宋代（包括金代），而古饶州窑带"枢府"字样的小足器则为元代景德镇产的卵白釉瓷器，说明《格古要论》的条目顺序与近代瓷窑址考古成果是相吻合的。如此，尽管《格古要论》没有明确指出哥窑是宋代的，但却是将其当成宋代窑口的。

2.《宣德鼎彝谱》[3]

明吕震编。八卷，专记宣德年间内廷奉旨铸鼎彝事，

[3]（明）吕震等：《宣德鼎彝谱》，文渊阁四库全书本。

有宣德三年（1428 年）华盖殿大学士杨荣及嘉靖甲午年（1534 年）文彭后序。据文序，本书为宣德年间上报朝廷的档案副本。其书于嘉靖甲午年后始刊布。《宣德鼎彝谱》卷一载：

> （宣宗）因见郊坛、太庙、内廷所在陈设鼎彝，式范鄙陋，殊违古制……今着礼部会同太常寺司礼监诸官参酌机宜，该铸鼎彝……款式巨细，悉仿宣和博古图录及考古诸书，并内库所藏柴、汝、官、哥、均、定各窑器皿款式典雅者，写图进呈拣选，照依原样，勒限铸成。

"照依原样，勒限铸成"的结果是出现了一些仿宋哥窑款式的器物：

> 马祖之神供奉狮首马蹄炉，仿宋哥窑款式……
> 工部衙门三员赐象耳大彝炉三座，仿哥窑款式……
> 都察院衙门三员赐豸首大彝炉三座，仿哥窑款式……
> 赐内府佛堂及天下名山寺院低足押经炉低足押经炉，仿宋哥窑款式……

宣宗圣谕明确内库所藏哥窑为宋代之物，其"款式典雅"的，可为新仿铜器的样本。同时，除柴窑之外，其余五个窑口正式形成了宋代五大名窑的提法，后之明清两代文献盖沿此说。

二　明代中期文献

主要是嘉靖年间的文献，包括陆深《春风堂随笔》、王世贞《弇州四部稿》、郎瑛《七修类稿续稿》以及《嘉靖浙江通志》等。

1.《春风堂随笔》[4]

明陆深（1477~1544年）撰。一卷，成书于嘉靖十八年（1539年）前。

> 哥窑浅白断纹，号百圾碎。宋时有章生一、生二兄弟皆处州人，主龙泉之琉田窑。生二所陶青器，纯粹如美玉，为世所贵，即官窑之类。生一所陶者色淡，故名哥窑。

该条文献明确了哥窑的时代、地点和特征：宋时，处州龙泉，釉色浅淡、开片白色且开片不大。

2.《嘉靖浙江通志》[5]

由胡宗宪（1512~1565年）修、薛应旂（1500~1575年）总理纂辑。全书凡十一志七十二卷，创修于嘉靖三十年（1551年），嘉靖四十年（1561年）成书，同年刊行。其《地理志》：

> （龙泉）县南七十里曰琉华山……山下即琉田，居民多以陶为业，相传旧有章生一、生二兄弟，二人未详何时人，主琉田窑造青器，粹美冠绝当时。兄曰哥窑，弟曰生二窑。

此为章生一、章生二之哥窑传说最早写入地方志者，不过其注明"未详何时人"，地点仍是龙泉，只说"造青器，粹美冠绝当时"，没有更细致的特征描述。

3.《七修类稿》[6]

明郎瑛（1487~1566年以后）撰。正稿五十一卷，约在嘉靖中由福建建安的书坊刻印问世。《续稿》七卷，大致编成于嘉靖末年。《续稿》卷六《事物类》"二窑"条：

[4]（明）陆深：《春风堂随笔》，《说郛续》本。

[5]《嘉靖浙江通志》，上海古籍出版社，1991年。

[6]（明）郎瑛：《七修类稿》，上海书店出版社，2001年。

> 哥窑与龙泉窑皆出处州龙泉县，南宋时有章生一、生二弟兄各主一窑，生一所陶者为哥窑，以兄故也，生二所陶者为龙泉，以地名也。其色皆青，浓淡不一，其足皆铁色，亦浓淡不一，旧闻紫足，今少见焉，惟土脉细薄、油水纯粹者最贵，哥窑则多断文，号曰百圾破。龙泉窑至今温、处人称为章窑。闻国初先正章溢乃其裔云。

此书更进一步明确哥窑时代为南宋，地点为处州龙泉县，特征是色青、浓淡不一、铁足。

三 明代晚期文献

主要为万历和崇祯时期文献。张应文《清秘藏》、王世贞《弇州四部稿》、高濂《遵生八笺》、王士性《广志绎》、顾起元《说略》、谢肇淛《五杂组》、徐应秋《玉芝堂谈荟》、文震亨《长物志》、宋应星《天工开物》、方以智《通雅》和《物理小识》、无名氏《砚山斋杂记》等。

1.《清秘藏》[7]

明张应文（约 1524~1585 年）撰。二卷，书成于作者临没之日。其卷上"论窑器"：

> 官窑品格与哥窑大约相同，其色俱以粉青色为上，淡白色次之，油灰色最下，纹取冰裂、鳝血为上，梅花片、墨纹次之，细碎纹最下，必铁足为贵，紫口为良。第不同者，官窑质之隐纹亦如蟹爪，哥窑质之隐纹如鱼子，其汁料稍不如官窑之尤佳耳。

此文献直接将官窑哥窑并论，指出其特征大体相同：釉色"粉青色为上，淡白色次之，油灰色最下"；开片"纹取冰裂、鳝血为上，梅花片、墨纹次之，细碎纹最下""质之隐纹如鱼子"；铁足紫口，"铁足为贵，紫口为良"。

[7]（明）张应文：《清秘藏》，文渊阁四库全书本。

而关于开片从纹路浅白到鳝血为上的认识，可能已经掺杂了一些后仿之产品，因为"我朝宣庙窑器，质料细厚，隐隐橘皮纹，起冰裂鳝血纹者，几与官汝窑敌"。

2.《弇州四部稿》[8]

明王世贞（1526~1590 年）撰。正稿一百七十四卷，为世贞任郧阳巡抚时（万历时期）所刊，续稿二百〇七卷为其晚年之作。其卷一百七十《说部》"宛委余编十五"：

> 又宋时处州章生兄弟者皆作窑，兄所作者视弟色稍白而断纹多，号白圾碎，故曰哥窑。

没有新观点，与《春风堂随笔》相近。

3.《遵生八笺》[9]

明高濂（生活于 1573~1620 年前后）撰。全书二十卷，刊于 1591 年。其《燕闲清赏笺》"论官哥窑器"条：

> 论窑器必曰柴、汝、官、哥……官窑品格，大率与哥窑相同，色取粉青为上，淡白次之，油灰色，色之下也。纹取冰裂鳝血为上，梅花片墨纹次之，细碎纹，纹之下也……其二窑烧造种种，未易悉举，例此可见。所谓官者，烧于宋修内司中，为官家造也。窑在杭之凤凰山下，其土紫，故足色若铁，时云紫口铁足。紫口，乃器口上仰，釉水流下，比周身较浅，故口微露紫痕。此何足贵？惟尚铁足，以他处之土咸不及此。哥窑烧于私家，取土俱在此地。官窑质之隐纹如蟹爪，哥窑质之隐纹如鱼子，但汁料不如官料佳耳。二窑烧出器皿，时有窑变，状类蝴蝶禽鱼麟豹等象，布于本色，釉外变色，或黄黑，或红绿，形肖可爱。是皆火之文明幻化，否则理不可晓，似

[8]（明）王世贞：《弇州四部稿》，文渊阁四库全书本。

[9]（明）高濂编撰、王大淳校点：《遵生八笺》，巴蜀书社，1992 年。

更难得。后有董窑、乌泥窑，俱法官窑，质粗不润，而釉水燥暴，溷入哥窑，今亦传世。后若元末新烧，宛不及此。近年诸窑美者，亦有可取，惟紫骨与粉青色不相似耳。若今新烧，去诸窑远甚。亦有粉青色者，干燥无华，即光润者，变为绿色，且索大价愚人。

缕析该条文献，哥窑之时代仍是宋代，特征与《清秘藏》描述几乎完全相同，但高濂解释了为什么会有"铁足""紫口"，且首次提出哥窑在"杭之凤凰山下"的观点。

4.《广志绎》[10]

明王士性（1547~1598 年）撰。全书五卷（第六卷《四夷辑》有目无书），自序写于万历丁酉年（1597 年）。其卷之四《江南诸省》：

> 官、哥二窑，宋时烧之凤凰山下，紫口铁脚，今其泥尽，故此物不再得。

此条文献关于烧造时代与地点的说法基本与《遵生八笺》相同，也认为哥窑"烧之凤凰山下"，时代为"宋时"，只是特征描述没有那么详细，只说"紫口铁脚"。

5.《说略》[11]

明顾起元（1565~1628 年）撰。全书三十卷，文前有作者万历癸丑年（1613 年）自序。其卷二十三《工考》：

> 又宋时处州章生兄弟者皆作窑，兄所作者视弟色稍白而断纹多，号白坯碎，故曰哥窑。

与《弇州四部稿》关于哥窑的说法基本一致。

[10]（明）王士性撰、吕景琳点校：《广志绎》，中华书局，1981 年。

[11]（明）顾起元：《说略》，文渊阁四库全书本。

6.《五杂组》[12]

明谢肇淛（1567~1624年）撰。全书十六卷，分天、地、人、物、事五部，最早为万历四十四年（1616年）如韦馆刻本。其卷十二《物部四》：

> 柴窑之外，有定、汝、官、哥四种，皆宋器也。流传至今者，惟哥窑稍易得，盖其质厚，颇耐藏耳。

言简意赅，非常明确哥窑为"宋器"，且把定、汝、官、哥相提并论，没有讲到紫口铁足，但讲到其胎稍厚。

7.《玉芝堂谈荟》[13]

明徐应秋（？~1621年）撰。共三十六卷。其卷二十八"柴窑秘色"条：

> 又宋时处州章生兄弟皆作窑，而兄所作者视弟色稍白而断纹多，号百圾碎，故曰哥窑。

亦与《弇州四部稿》关于哥窑的说法基本一致。

8.《长物志》[14]

明文震亨（1585~1645年）撰。共十二卷，书成于崇祯七年（1621年）。其卷七《器具》"海论铜玉雕刻窑器"条：

> 官、哥、汝窑以粉青色为上，淡白次之，油灰最下。纹：取冰裂、鳝血、铁足为上，梅花片、墨纹次之，细碎纹最下。官窑隐纹如蟹爪，哥窑隐纹如鱼子。

对哥窑特征的描述与《清秘藏》和《遵生八笺》基本相同。

[12]（明）谢肇淛：《五杂组》，上海书店出版社，2001年。
[13]（明）徐应秋：《玉芝堂谈荟》，文渊阁四库全书本。
[14]（明）文震亨著、李瑞豪编著：《长物志》，中华书局，2016年。

9.《天工开物》[15]

明宋应星（1587~约1666年）撰。共三卷十八篇，是中国古代一部综合性的科学技术著作，初刊于崇祯十年（1637年），外国学者称它为"中国17世纪的工艺百科全书"。其《陶埏第七》"白瓷"条：

> 宋、元时龙泉华琉山下，有章氏造窑，出款贵重，古董行所谓哥窑器者即此。

与前述之文献稍有不同的是，其用了"宋元"这样一个比较宽泛的定位。这可以有两层理解，一是对于哥窑之年代不能肯定为宋，二是哥窑的年代宋元都有。

10.《通雅》[16]

明方以智（1611~1671年）撰。全书共五十二卷，始作于崇祯十年（1637年），初稿成于崇祯十二年（1639年），至康熙五年（1666年）刊行，前后历30年。其卷三十三《器用·古器》曰：

> 哥窑浅白断文，号百圾碎。宋时有章生一、生二兄弟皆处州人，主龙泉之琉田窑。生二所陶青器纯粹如美玉，为世所贵，即官窑之类；生一所陶者色淡，故名哥窑，正类董窑……今假哥窑碎文不能铁足，铁足则不能声。

文中除了"宋时""处州龙泉""色淡""浅白断文"外，更明确讲真假哥窑的区别就在于是否铁足且有声。

11.《物理小识》[17]

明方以智（1611~1671年）撰。崇祯辛未（1631年）方以智开始收集撰写《物理小识》的材料，至崇祯癸未（1643年）编成初稿，次年，李自成农民军攻陷北京，

[15]（明）宋应星：《天工开物》，中华书局，1978年。

[16]（明）方以智：《通雅》，文渊阁四库全书本。

[17]（明）方以智：《物理小识》，商务印书馆，1937年。

方以智匆忙逃离，在其后颠沛流离的生活中，他仍然不忘搜集材料，予以补充。全书共十二卷，原附《通雅》之后，最早的单行本是清康熙三年（1664年）宛平于藻庐陵刻本。其卷八《器用类》"窑器本末"条：

> 柴汝官哥定，宋窑之名也……宋处州章生一生二兄弟，至龙泉之琉田窑，而生一陶者，百坂碎而色淡，故名哥窑，以铁足有声为验。

与《通雅》一样都是方以智的著作，观点也相同。

四 清代中期文献

清代中期（1662~1840年）文献，主要为康乾盛世的文献。有康熙年间的《宋稗类钞》《砚山斋杂记》，乾隆年间的《陶说》《南窑笔记》，乾嘉年间蓝浦著、郑廷桂补的《景德镇陶录》，以及顺治、乾隆、光绪三朝《龙泉县志》和《雍正浙江通志》等。

1.《宋稗类钞》[18]

作者一说为潘永因。八卷，是汇集有关宋代的稗官野史，从中摘抄分类而辑成，文前有康熙八年（1669年）李渔序。其卷八《古玩》"二十五"条：

> 柴窑之外，有定、汝、官、哥四种，皆宋器也。哥窑与龙泉窑，皆出处州龙泉县。南宋时，有章生一、生二。弟兄各主一窑。生一所陶者为哥窑，以兄故也。生二所陶者为龙泉，以地名也。其色皆青，浓淡不一。其足皆铁色，亦浓淡不一。旧闻紫足，今少见焉。惟土脉网（细）薄油水纯粹者最贵。哥窑则多断文，号曰百坂破。龙泉窑至今温处人称为章窑。

记哥窑时代为南宋，烧造地点仍是处州龙泉，特征"色

[18]（清）潘永因编、刘卓英点校：《宋稗类钞》，书目文献出版社，1985年。

青，浓淡不一""多断文"，铁足。

2.《砚山斋杂记》[19]

未知撰人名氏，砚山为孙承泽（1563~1676）斋名，疑为承泽或其孙炯所作。四卷。卷四"窑器"条：

> 龙泉窑出浙江处州龙泉县，与哥窑共一地，道（赵）宋时名曰青瓷。

也记哥窑时代为宋，烧造地点为处州龙泉。

3.《陶说》[20]

清朱琰（乾隆三十一年[1766年]丙戌科进士）撰。全书六卷，包括说今、说古、说明各一卷及说器三卷，是我国第一部陶瓷史。最早的刻本是清乾隆三十九年（1774年）鲍廷博本。其卷二《说古》之"古窑考"下有"宋哥窑"条：

> 本龙泉琉田窑，处州人章生一、生二兄弟于龙泉之窑，各主其一。生一以兄故，其所陶者曰哥窑。

开宗明义"宋哥窑"，在处州龙泉。

4.《南窑笔记》[21]

作者张九钺。约成书于乾隆年间，共有条目三十五条，其中记古窑者七条，是清代有关景德镇窑瓷业的札记著作。

> 哥窑，即名章窑，出杭州大观之后，章姓兄弟，处州人也，业陶，窃做于修内司，故釉色仿佛官窑。纹片粗硬，隐以墨漆，独成一宗，釉色亦肥厚，有粉青、月白、淡牙色数种。又有深米色者为弟窑，不甚珍

[19]（明）无名氏：《砚山斋杂记》，文渊阁四库全书本。

[20]（清）朱琰撰、傅振伦译注：《〈陶说〉译注》，中国轻工业出版社，1984年。

[21]（清）张九钺：《南窑笔记》，广西师范大学出版社，2012年。

贵。间有溪南窑、商山窑仿佛花边，俱露本骨，亦好。今之做哥窑者，用女儿岭釉加楮子石末，间有可观，铁骨则加以粗料配其黑色。

由此，哥窑铁足，釉面莹润多断纹，风格特征近类南宋官窑。不但讲述了宋哥窑的特点，还记述了时仿哥窑产品之特征。

5.《景德镇陶录》[22]

清蓝浦原著、郑廷桂补辑。蓝浦原著六卷，后经弟子郑廷桂增补为八卷，另加入卷首《图说》和卷尾《陶录余论》共十卷，是一本关于景德镇陶瓷的百科全书。约成书于乾隆末年，在嘉庆二十年（1815 年）由异经堂刻印出版。其卷六《镇仿古窑考》"哥窑"条：

> 宋代所烧，本龙泉琉田窑，处州人章姓兄弟分造。兄名生一，当时别其所陶曰哥窑。土脉细紫，质颇薄，色青，浓淡不一。有紫口铁足，多断纹，隐裂如鱼子。釉惟米色、粉青二种，汁纯粹者贵。
>
> 唐氏《肆考》云，古哥窑器质之隐纹如鱼子，古官窑质之隐纹如蟹爪，碎器纹则大小块碎。古哥窑器色好者类官，亦号"百圾碎"，今但辨隐纹耳。又云汁油究不如官窑。案哥窑在元末新烧，土脉粗燥，色亦不好，见《格古要论》。旧呼哥哥窑，亦取土于杭。

五 清末文献

清朝末年，古陶瓷的研究依然承袭着金石学的传统。同时，随着古玩业的日渐兴旺，开始形成一种基于实物与古董交易的整理陶瓷器知识的方法，出现了一些与古玩密切相关的瓷学著作，如寂园叟的《陶雅》。这些著作往往受作者所见实物的影响较大，侧重于鉴赏评价，虽

[22]（清）蓝浦、郑廷桂著，连冕编注：《景德镇陶录图说》，山东画报出版社，2005 年。

[23]（清）寂园叟撰、杜斌校注：《陶雅》，山东画报出版社，2010 年。

有偏颇之处但还是较能体现当时人的观点及看法。

《陶雅》[23]原名《古瓷汇考》，清寂园叟（陈浏，1863~1929年）撰。三卷（现仅存上、中两卷），最早刊于清末宣统二年（1910年）。多处涉及哥窑：

> 宋哥茗具，碗上各有盖，满身皆褐色细斑，碗边作老黄色，或即所谓紫口者欤？……
>
> 古窑之存于今世者，在宋曰均、曰汝、曰定、曰官、曰哥、曰龙泉、曰建……
>
> 哥窑瓷胎大片入骨，出窑经风，随时迸裂。其裂也，乃具有特殊之性质。胚胎与釉泽而俱坼，渺不关乎经年与累月。

没有直接讲哥窑瓷胎的紫口铁足，而是把胎釉的"迸裂"现象做了描述。作者观察得很仔细，我们从许多龙泉黑胎青瓷的标本中可以看到，其不仅釉面开裂，而且有些胎也开裂，尤其是开片较深、较宽、纹路颜色较黑的瓷片，真正是"胚胎与釉泽而俱坼"。此外书中还提出了造成迸裂的原因是"出窑经风"，"渺不关乎经年与累月"。

第二节　明清文献中的哥窑

综合明清两代的主要文献来看，"哥窑"一词实由明代人提出，基本概念在嘉靖年间后期形成并被清代所沿用。

一　关于哥窑的时代

上述明清文献，除《嘉靖浙江通志》"未详何时"以及《天工开物》用了"宋元"比较宽泛的定位外，其余文献，凡涉及哥窑年代的，无一不指宋代，《七修类稿》和《宋稗类钞》还进一步指出其时代为"南宋"。

二 关于哥窑的产地

古代文献中凡是涉及哥窑的产地时，基本都指向了龙泉，但也有个别文献，如万历时期高濂的《遵生八笺》和王士性《广志绎》，二书提出哥窑窑场在杭州之凤凰山下，这是明代目前所见极少数记载哥窑址不在龙泉而在杭州的文献。但此两条材料相对较晚，不知何所本，结合老虎洞窑址的新发现，或许所指哥窑为"元末新烧"而非宋代青瓷。

综上，关于哥窑产地，除了极个别认为在杭之凤凰山下，均指向龙泉。而凤凰山下之哥窑，据现有考古成果，可以认定为"元末新烧"之新哥窑，或者说是仿哥窑。

三 关于哥窑的器物特征

关于哥窑的胎釉特征，在上述明清时期的许多文献中多有表述。

1. 胎

从明初的文献《格古要论》就有"旧哥窑……亦有铁足紫口"，此后的文献，但凡谈及胎骨，无不论及"铁足紫口"，《遵生八笺》更是分析了"铁足紫口"形成的原因，指出其他地方烧制的仿哥窑，因为土质不同，所以不能呈现铁足的特征。《清秘藏》《遵生八笺》和方以智的《通雅》《物理小识》更是强调铁足在哥窑特征中比紫口更为重要。

至于胎骨厚薄，则说法不一。《七修类稿》说其"土脉细薄"，《宋稗类钞》沿袭此说，《景德镇陶录》也有"土脉细紫，质颇薄"的记载，而《五杂组》却言"其质厚，颇耐藏"。哥窑的胎骨可能厚薄不一。

综上，"铁足紫口"是哥窑胎之基本特征。

2. 釉

明初文献《格古要论》除关注哥窑的胎外，首先论及的是哥窑的釉："旧哥窑，色青，浓淡不一"。其描述尽管简单，但明确哥窑的基本色调为"青"。

陆深《春风堂随笔》："哥窑浅白断纹，号百圾碎……色淡。"从中可以看出哥窑之釉的情况：哥窑釉色浅淡，有白色开片，且开片不大。《弇州四部稿》《说略》《玉芝堂谈荟》和《通雅》基本沿袭了这一说法。

《清秘藏》将哥窑和官窑放在一起，说"官窑品格与哥窑大约相同"，釉色"以粉青色为上，淡白色次之，油灰色最下"，开片"取冰裂、鳝血为上，梅花片、墨纹次之，细碎纹最下"，但"官窑质之隐纹亦如蟹爪，哥窑质之隐纹如鱼子"，哥窑釉"稍不如官窑之尤佳"。《遵生八笺》持几乎完全相同的观点，只是《遵生八笺》所言"时有窑变状"则不知所指为何。

《南窑笔记》讲到哥窑"纹片粗硬，隐以墨漆，独成一宗，釉色亦肥厚，有粉青、月白、淡牙色数种"，跟前述明代文献有些不同。《景德镇陶录》认为"釉惟米色、粉青二种"，新提出了"米色釉"。

综上，明清文献中对哥窑之釉色的描述即粉青为上，有白开片；从《清秘藏》开始，对哥窑釉的描述又有了"鳝血为上"的认识变化，尽管似乎已有"金丝铁线"之仿器，但无"金丝铁线"之称谓[24]。

第三节 明晚期文献对哥窑认识的变化

通览上述文献，我们可以看到其对哥窑年代、烧造地点、胎釉特征等的认识基本一致，但若对上述文献条分缕析、逐条比对，又可看到从明代晚期开始，对哥窑的认识有一些新的特点。

[24] "金丝铁线"在《南窑笔记》出现过，只是描述的对象是观（官）窑："观窑：出杭州凤凰山下，宋大观年间，命中阉官专督，故名修内司。紫骨青釉，出于汝窑，有月白、粉青色，纹片有名金丝铁线、蟹爪诸纹者"。

一 官、哥不分

明晚期以前，文献中提到官、哥二窑时虽然基本并列，但作者对二窑的区分判断是清晰的，官就是官，哥就是哥。而明晚期文献常将二窑合并为一个条目，混在一起说，出现了官、哥不分的新现象。且定、汝、官、哥、钧诸窑中，唯此二窑有这一现象。

开先例者为张应文的《清秘藏》："官窑品格与哥窑大约相同，其色俱以……第不同者，官窑质之隐纹亦如蟹爪，哥窑质之隐纹如鱼子，其汁料稍不如官窑之尤佳耳。"

稍晚的《遵生八笺》更直接"论官哥窑器"："官窑品格，大率与哥窑相同"；"又如葱管脚鼎炉、环耳汝炉、小竹节云板脚炉……小方菁草瓶、小制汉壶、竹节段壁瓶，凡此皆官哥之上乘品也"；"桶炉、六棱瓶、盘口纸槌瓶……二色文篆隶书象棋子、齐箸小碟、螭虎镇纸，凡此皆二窑之中乘品也"；"又若大双耳高瓶、径尺大盘、夹底骰盆……佛前供水碗、束腰六角小架、各色酒案盘碟，凡此皆二窑之下乘品也"；"其二窑烧造种种，未易悉举，例此可见"；"所谓官者，烧于宋修内司中，为官家造也……哥窑烧于私家，取土俱在此地。官窑质之隐纹如蟹爪，哥窑质之隐纹如鱼子，但汁料不如官料佳耳。二窑烧出器皿，时有窑变……是皆火之文明幻化，否则理不可晓，似更难得。后有董窑、乌泥窑，俱法官窑，质粗不润，而釉水燥暴，溷入哥窑，今亦传世"。

《清秘藏》和《遵生八笺》二书直接把官窑和哥窑放在一起来叙述，说明从这时候开始，人们对官与哥已经不太能区分了，从另一个方面也说明官窑与哥窑产品特征是非常相近的。

当然，元孔齐《至正直记》中就已经指出："近日哥哥窑绝类古官窑，不可不细辨也"。但此处说的是"近日哥哥窑"和"古官窑"，也就是说元代哥哥窑与宋代官窑在外观特征上很相像，必须仔细加以辨别。孔齐与王德翁活动范围在江浙一带，他们见过的元代哥哥窑与宋代官窑应该是江浙一带的产品，由此推断应该具有"紫口铁足、蟹爪纹开片"的特征。

我们认为，所谓的"官哥不分"，主要是指宋（包括部分元代哥哥洞窑）哥窑（不是传世哥窑）与南宋官窑（不是北宋官窑）生产的产品在外观特征上很难区分，因为它们都具有紫口铁足、开片的特征。而《清秘藏》和《遵生八笺》已经把宋哥、宋官及后仿之官哥产品相混淆，当然更难区分了。

二　仿烧哥窑情况的复杂化

据《格古要论》记载，除旧哥窑外，仅有元末新烧者。而到了明代晚期，除元末新烧者外，"后有董窑、乌泥窑，俱法官窑，质粗不润，而釉水燥暴，溷入哥窑，今亦传世"[25]的鱼目混珠者，还有"近年诸窑美者，亦有可取，惟紫骨与粉青色不相似耳。若今新烧，去诸窑远甚。亦有粉青色者，干燥无华，即光润者，变为绿色，且索大价愚人"[26]者，"今假哥窑碎文不能铁足，铁足则不能声"[27]的新烧者。新烧产品量多价高，说明有利可图，故仿烧哥窑产品比较兴盛。不过，虽然与哥窑品类相似的器物较前代为多，但是时人对其中的区别仍然是了然于胸的：混入哥窑者，质粗不润而釉水燥暴；元末新烧者，还不及此类混入者；时下新烧者，干燥而无华，即使光润，釉色也是绿色，与哥窑釉色差异明显。同时，对于元末新烧者，纵贯整个有明一代似乎始终是有清晰认识的。明皇甫录《皇明纪略》中记载了"复陶"哥窑一事："都太仆言，仁宗监国，问谕德扬士奇曰：哥窑器可复陶否？士奇恐启玩好心，答云：此窑之变不可陶。他日以问赞善王汝玉，汝玉曰：殿下陶之则立成，何不可之有？仁宗喜，命陶之，果成。"[28]关键是"果成"。《皇明纪略》是讲述明代皇帝生平的历史演义，其记载

[25]《遵生八笺》。

[26]《遵生八笺》。

[27]《通雅》。

[28]（明）皇甫录：《皇明纪略》，天一阁藏本。

了明仁宗在当太子时喜爱哥窑并仿制成功之事。"上好之，下必有甚焉者"，当时及其后仿烧哥窑的盛况可见一斑。另外《清秘藏》中还记载了有人修复古瓷器并复烧的事："复烧谓取真正官哥窑器如炉欠足耳、瓶损口棱者，以旧补旧，加以釉药，裹以泥合，入窑一火烧成，与旧制无异，但补处色浑而本质干燥，不甚精采。"真真假假，虽一片乱象，但能分辨。到这一时期，与柴、汝、官、钧、定相比，哥窑的存世量较大。"柴窑……惜今人无见之耳，柴窑之外又有定、汝、哥、官四种，今惟哥窑有传者。"[29]"柴窑之外，有定、汝、官、哥四种，皆宋器也。流传至今者，惟哥窑稍易得，盖其质厚，颇耐藏耳。"[30]不算元末新烧，从仁、宣开始仿哥窑至此时，世上已有大量的哥窑和仿哥窑产品流传，这也许就是后人对哥窑认识渐趋模糊的原因所在。

三 用章窑代称龙泉窑

《七修类稿续稿》载"龙泉窑至今温、处人称为章窑"，可知章窑在嘉靖年间仅是温州与处州两地小范围内对龙泉窑的称呼。明晚期不再有温、处的限定："有等用白土造器，外涂釉水翠浅，影露白痕，乃宋人章生所烧，号曰章窑，校龙泉制度更觉细巧精致。我朝宣庙窑器，质料细厚，隐隐橘皮纹，起冰裂鳝血纹者，几与官汝窑敌，即暗花者、红花者皆发古未有，为一代绝品，迥出龙泉均州之上。又有元烧枢府字号器，永乐细款青花杯，成化五彩葡萄杯，各有可取，然亦尚在龙泉章窑之下"[31]。此时的章窑，显然已是龙泉窑中的精品窑，与前一阶段章生一、章生二各主龙泉一窑，烧造精品青瓷的认识相呼应，而不限于温、处两地对整个龙泉窑的称呼。章窑的称呼，到了清代被普遍接受。

[29]《玉芝堂谈荟》。
[30]《五杂组》。
[31]《清秘藏》。

第四节　小结

综合明清两代的主要文献来看，"哥窑"一词实由明代人提出（"哥哥窑"除外），基本概念在嘉靖后期形成并被清代所沿用，其所指的对象为宋代龙泉所生产的黑胎青瓷产品，与龙泉章氏兄弟中的章生一紧密联系。哥窑的基本特征为黑胎，紫口铁足，胎骨厚薄不一；青色釉，深浅不一，以粉青为上；开片纹，片纹亦大小不一，即所谓的冰裂纹、鱼子纹等。明清两代尚能清晰地区分宋代哥窑、元末新烧哥窑器、乌泥窑等类哥窑器及当世所仿哥窑器，但出现了"鳝血为上"的新论断，说明此时已经有被仿品干扰判断的现象。

2 近现代学者对哥窑的认识

第一节　民国人眼中的哥窑

一　民国时期的龙泉窑研究

1. 民国时期对哥窑认识的混乱

从清晚期到民国初年,古陶瓷的研究依然承袭着金石学的传统。同时,随着古玩业的日渐兴旺,开始形成了一种基于实物与古董交易的整理陶瓷器知识的方法,民国时期出现了一些与古玩密切相关的瓷学著作,如许之衡的《饮流斋说瓷》、刘子芬的《竹园陶说》、邵蛰民的《增补古今瓷器源流考》、赵汝珍的《古玩指南》等等。这些著作往往受作者所见实物的影响较大,侧重于鉴赏评价,虽有偏颇之处但还是较能体现当时人的观点及看法。

当时对哥窑的时代为宋代、地点为龙泉、窑场主为章生一、釉面开片等的描述仍然与前代一致,但在釉的特征描述上有了较大的变化,出现了豆绿色等描述。如许之衡的《饮流斋说瓷》"哥窑"条载:"宋处州龙泉县人章氏兄弟均善冶瓷业。兄名生一,当时别其名曰哥窑。其胎质细、性坚,其体重,多断纹,隐裂如鱼子,亦有大小碎块文,即开片也。釉以米色、豆绿二种居多,有紫口铁足。无釉之处所呈之色,其红如瓦屑。其釉极厚润纯粹,历千年而莹泽如新。元末明初暨唐英屡有仿制,然远不逮宋制之精矣。"[1]

同时对哥窑特征的把握日趋混乱,吴敬梓等学者对

[1] 许之衡:《饮流斋说瓷》,中华书局,2017 年。

哥窑最主要的特征都已无认识，产生"哥窑……各种裂纹，系一种'湿隐裂'，实际上有些种裂纹，并不能为最精之作品，故哥窑仍应以釉水纯粹无纹者为最贵"的迥异于前代的认识[3]。可见民国时期对哥窑认识相当混乱。

这种混乱，也可从窑与釉两个概念的混用反映出来。窑和釉在清宫档案中是两个严格区分的概念。"窑——专指当时的旧器；釉——特指所有的后仿品，无论仿制得如何逼肖、胎釉怎样与旧器一般无二，也称为汝釉×××，而不叫作仿汝窑×××。查阅《清档》，凡写汝窑洗、哥窑炉，以窑称谓的必定是旧器；凡写汝釉洗、哥釉炉的，以釉称谓的则专指后仿品而言。故宫博物院瓷器库中有些器物的原始标签上也称旧器为窑，例如宣德窑指宣德朝制品，嘉靖窑指嘉靖朝制品，窑与釉作为两个完全不同的概念从来没有混淆过。乾隆在整理宫中旧藏时每一件东西都贴上黄色的绢或纸签……凡是乾隆时做的仿宋古器物都清楚地写汝釉×××，哥釉××。而当朝所做的都以窑称，这一点与清档的记载完全相符。"[4]这说明，在清代，至少在宫内对于哥窑与仿哥窑还是有清晰区别的。而到了民国，则几乎只有"窑"不见"釉"了。

对于哥窑问题的复杂性，陈万里[5]先生有深切的认识："曩者，清宫物品曾经公开陈列者数次，所见哥窑，衡以嗣后在欧美图籍上所揭载者，可谓错综庞杂，不一其状，因之研几愈久，愈觉迷离恍惚不可捉摸。哥窑，哥窑，诚一难以解答之哑谜矣！"[6]之所以有此感慨，源起于故宫博物院所保存的瓷器参加1935年上海伦敦艺术预展会和1937年第二次全国美术展览会期间，部分窑口审定所带来的争议，主要是汝、官、哥等窑口的定夺。当时主持审定窑口工作的是郭葆昌先生。在整理、登记故宫瓷器时，按照明清文献当中记载的"紫口铁足"之类的标准，将一批瓷器定为哥窑。对于这一认定，陈万里先生结合原故宫出品图说关于瓷器部分的资料，先后

[2] 寂园叟：《陶雅》，山东画报出版社，2010年。

[3] 吴仁敬、辛安朝：《中国陶瓷史》，北京图书馆出版社，1998年。

[4] 王健华：《清乾隆朝仿宋汝官哥釉瓷器》，《收藏家》1997年第6期。

[5] 陈万里，中国古陶瓷界泰斗、中国田野考古先驱，在担任浙江省卫生署官员期间，于1928年至1941年的14年中，不辞辛劳，先后九次赴龙泉，八次到大窑村实地考察龙泉窑，写下大量的工作日记、旅途随笔。通过对龙泉古青瓷窑、越窑等实地考察研究，写出了考古研究的重要论文和专著《青瓷之调查及研究》《越器图录》《瓷器与浙江》等。《瓷器与浙江》是中国第一部田野考察报告，被誉为中国考古从传统的"书斋考古"走向科学的"田野考古"的里程碑，书中的许多论证已为现代考古发掘所证实。

[6] 陈万里：《龙泉大窑之新发现》，《瓷器与浙江》，中华书局，1946年。

多次刊文进行商榷，如"第一七图第一八图原名都是哥窑盘，郭先生鉴定为宋汝窑粉青盘。但就图说照片所看到的纹片说，与其说是汝，不如说是哥，较为确当"；"现在出品图说里面定为南宋郊坛下官窑的，有……五件。其中原名有说汝窑，有说哥窑，亦有说秘色窑"[7]。郭葆昌先生做过袁世凯的"陶务总监督"，不仅是烧制瓷器的名家，也是鉴赏家和收藏家，曾任故宫博物院瓷器鉴定委员，是当时中国瓷器研究的领军人物之一。对于官、哥、汝诸窑的定夺，学识丰富如郭、陈二先生，尚且争论不休，更何况其他人了。这也充分说明，民国时期，对于何谓哥窑以及官和哥甚至与汝的鉴别，当时的大学者们已"摸不清楚，于是乎其他的人，跟着坠入五里雾中，更是莫明其妙"[8]了。

龙泉大窑陈万里先生住过的小屋

学者们对于哥窑窑口的争论所反映出的民国时期对哥窑认识的模糊与混乱，与上文提及的文献中对哥窑描述的混乱及与前代的不一致是相吻合的。

2. 龙泉黑胎产品的发现及哥窑在龙泉的认识

目光转向龙泉。陈万里先生认为龙泉即弟窑，同时接受当地的说法，认同哥窑与弟窑均在龙泉大窑。在龙泉黑胎产品发现之前，包括日本人中尾万三在内的许多学者认为哥窑之说为无据的认识，陈先生颇不以为然。其探索哥窑的目光始终锁定在龙泉："关于研究龙泉青瓷之最大问题，多少年来横梗于我之胸间者，即为章生一窑之烧造地点。其在大窑耶，抑另有地耶，此其一。所谓章生一之哥窑，究属何种物品；所谓百坂碎，所谓紫口铁足，又作何状，此其二。我自十七年（1928年）第一次调查大窑青瓷以至今年一月，已三次矣，此横梗于我个人胸间之疑问，固无日不萦回盘旋于我之胸际，而终不得一明确之解说也。"[9]1939年，在陈先生的第四次龙泉之行中，终于在大窑岙底发现了黑胎产品，且具有紫口铁足等特征。作为一个严谨的学者，陈先生没

[7] 陈万里：《故宫一部分古瓷鉴定之商榷》，《瓷器与浙江》，中华书局，1946年。

[8] 《故宫一部分古瓷鉴定之商榷》。

[9] 《龙泉大窑之新发现》。

有贸然将其认定为哥窑，但其惊喜之情溢于言表："昔之以哥窑为谜者，今虽未能解答其难题而尽发其蕴，然而有此发现，可以为嗣后研究哥窑方面辟出一条途径，此非一新曙光耶？"[10]此后，陈先生第五次龙泉之行中又于溪口瓦窑垟发现了同类产品："墩头与坳头两处之黑胎作品，其为同一时期，可以假定。但如此认此黑胎作品，即为哥窑，则所谓哥窑者，在大窑耶，抑在墩头耶？"[11]从陈先生的上述表述中，他应该是基本认可龙泉黑胎产品即为哥窑的。

龙泉大窑等窑址黑胎产品的发现，为哥窑问题的探索开辟了一条全新的路径，文献结合窑址出土的实物资料成了研究哥窑产地的重要手段。徐渊若[12]即根据龙泉多年来出土黑胎产品的比较，认为以大窑产品为最精，此处可能是龙泉窑的发源地，同时结合文献记载，倾向于认为此地即为哥窑的产地。

关于龙泉窑，徐渊若先生在《哥窑与弟窑》第一章第二节中讲到"龙泉之大窑遗址，久已淹没成田，或恢复山陵原状，是以或则纵横阡陌，或则凄迷蔓草，已了无迹象可寻。邑人亦仅少数士子，知龙泉曾有此瑰宝。至于地在何所？品属何形？则类都茫然不解"[13]。可知当时人们对所谓古龙泉窑业亦不甚明晰。

《哥窑与弟窑》中还有如下记载："大约在光绪二十年（1894年）前后，德教士奔德购地垦种，发现古瓷，流传国外，始引起各方注意。光绪二十八年（1902年），小梅吴井兰、城区廖献忠等，至大窑发动村民，采掘一种钢筋炉，终在叶坞底掘出，由吴井兰购去。村民方知地下埋有此贵重之古物。继在村内大堂后踊跃发掘，深入山地数十丈，掘出古物多种，并发现古庙址一所，烂铜废铁若干。至光绪三十年（1904年），上海古玩商日人天野静之，首来大窑收购，侧重于钢筋炉及小件瓷器。继之有日人松田元哲来购。至宣统二年（1910年），福州南台大和药房主人日人行原始平至大窑。嗣后年必数

[10]《龙泉大窑之新发现》。

[11] 陈万里：《一年半中三次龙泉之行》，《瓷器与浙江》，中华书局，1946年。

[12] 徐渊若，江苏江阴人，毕业于日本早稻田大学，1943年2月至1946年4月任龙泉县县长。期间因喜爱龙泉青瓷，且为修县志做准备，亲历古窑址考究古瓷片，遍观藏家珍品并与青瓷艺人、瓷道之权威相探讨，获得陈佐汉等地方人士的研究资料相助。历时十一天，撰写《哥窑与弟窑》专著，于1944年12月由龙吟书屋出版。

[13] 徐渊若：《哥窑与弟窑》，百通（香港）出版社，2001年。

次，首尾十余年，至则必住月余。"由此可推知，在对
浙江窑业只知道龙泉窑，且对龙泉古窑亦不甚明晰的大
背景下，清后期外国人首先对龙泉大窑进行了关注，尤
其是日本人，加之清末收藏热的影响，早期的民间挖掘
和商客贩购渐渐风靡。

　　随着"古物"的发现，民国初年的龙泉到处有寻掘
古墓和收购古青瓷的人。如"江苏松江胡协记、上海周
黄生、江西沈翰屏、福州方振远、宁波周奎龄、葛文慰、
永嘉王绍埭等客商，相继前往采购……民十六年（1927
年），美人洪罗道来收罗各瓷，履勘发掘地址，且将各
类瓷器，摄影留念；德国亦有领事至大窑拍摄采掘地点；

金村之码头

宝溪，民国时期龙泉窑研究和
仿古基地

宝溪龙窑

[14]《哥窑与弟窑》。

[15] 民国初年，龙泉县城西街晚清秀才廖献忠致力于青瓷研究，首谋仿古，研制仿"弟窑"青瓷，几可乱真，是近代仿古之嚆矢，为民国初龙泉仿制古青瓷之鼻祖。1933年，年迈的廖献忠自忖来日不多，恐其青瓷仿制技艺失传，乃将历次试验之配釉秘方记录成册，并自述："一生精力家财，尽费于古瓷研究之中"。徐渊若在《哥窑与弟窑》书中抄录有"廖氏"初期制釉方、改良方、极富万金难换方、新方、未试方等配釉秘方记录。

[16]《哥窑与弟窑》。

[17] 陈佐汉，龙泉宝溪溪头村人，民国期间曾任宝溪乡乡长、溪头瓷业合作社社长等职。为造福于地方，潜心仿古青瓷的研究。1943年，组织成立仿古青瓷研究小组，将办公、陈列室取名为"古欢室"，并将古欢室青瓷研究之思想、成果编写为《古欢室青瓷研究浅说》。

法人某由松阳天主堂介绍前来，专集碎片，成箱运往法国；日人尚有九井等亦相继而来。"[14]龙泉不仅成为世界考究龙泉青瓷的圣地，而且成为商人发财致富的宝地。在龙泉境内，民国时期被挖掘出土及民间收藏的龙泉窑瓷器，大多为古董商及中外收购者搜购，其数量品种之多，难以胜数。

在这一背景下，龙泉本地的瓷业工匠坚持本业并不懈努力，出现了一批研究和仿制古青瓷的名家，如廖献忠、龚庆芳、陈佐汉、李怀德等。廖献忠是仿古的"首谋"者，研制仿"弟窑"青瓷，几可乱真。[15]随后几家生产兰花碗的窑厂看到青瓷价高利厚，也开始仿造宋代青瓷产品。宝溪乡商人张高礼和民间艺工李君方在古玩商人的鼓动下，到大窑古窑址找矿源，寻碎片，运回宝溪乡溪头村进行研究仿制。本土乡人蒋建寅、陈佐汉、张高礼、李君义等，先在龙泉南乡大窑、金村，后到龙泉西乡八都、大坦、溪头等地方仿制古青瓷，"均仿二章破器制之……择其精者用弗酸浸洗，去其新光，亦可混珠；其巧者即鉴赏家亦茫然难辨。海上此货，战前颇为充斥"[16]。

民国二十三年（1934年），宝溪乡乡长陈佐汉[17]邀本乡瓷工李怀德、张高岳、张高文、张照坤、许家溪等组织成立仿古青瓷研究小组[18]，该小组对青瓷生产技术和工艺进行了比较好的探究。

以上所述，即民国人对龙泉哥窑认识的背景及早期古龙泉窑发掘热的来龙去脉。

二 民国人对哥窑的认识

民国人对哥窑的具体认识，只能从当时人所留著述之片语只言而推其所持观点。民国期间对哥窑进行过研究讨论的人士有古青瓷考查研究泰斗陈万里，古青瓷研究、探索和实践者陈佐汉，古青瓷研究的理论总结者徐渊若，以及陈浏、许之衡、刘子芬、郭葆昌、吴仁敬、辛安潮、江思清、赵汝珍、黄矞、郑徐德、钱叔青、裴造时、吴文苑、金石寿、蔡世钦、柳兆元和日本学者小山富士夫等。这些人或是学者或是政客或是商客，都对龙泉哥窑弟窑进行了一定的研究，并在各自的著述中表达了他们的观点。

20 世纪 20 年代，陈万里先生将近代考古学方法引入古陶瓷研究领域，在古瓷窑址调查基础上，把文献、考古材料结合起来，运用新的方法进行古陶瓷研究。从 1928 年开始，陈万里先生多次对龙泉窑进行考古调查，他在实地考察时对哥窑进行了大量研究与思考。其主要观点在上文已做详细介绍，不再赘述。

陈佐汉可以说是当时龙泉民间对龙泉窑业最有研究的人之一。他年轻时当兵北上，退役后回乡从政从商从工，曾任宝溪乡学校校长，两任宝溪乡乡长，溪头瓷业合作社社长，龙泉县参议员，浙江省第九区抗敌自卫总队第二大队长等职。民国二十三年（1934 年），陈佐汉组织成立仿古青瓷研究小组，为搜集青瓷资料曾遍访龙泉各乡村及浙江温州、福建浦城等地，并向收藏古青瓷者借赏考究，手绘古青瓷图像 130 余件，注明其年代、出处，有些略加点评，集为一册，取名为《古龙泉窑宝物图录》[19]。民国三十二年（1943 年），陈佐汉为首发起成立龙泉县八都区瓷业改进研究会。陈佐汉对古青瓷的研究和实践，

[18] 曾在巴拿马费城和西湖博览会展出的中国青瓷作品，就是出自龙泉宝溪龚庆芳等人之手。1942 年 5 月，在金华举办的"浙江省工商展览会"上，龙泉选送的展品中有仿古青瓷 9 件。1945 年，陈佐汉将自己生产的仿宋弟窑牡丹瓶、凤耳瓶等 70 余件，委托龙泉县县长徐渊若邮寄南京中央实业部请功，旨在展示仿古青瓷之成果，期盼各级政府的重视与资金上的支持。所呈青瓷次年获得蒋介石的称赞，并题赠"艺精陶旅"四字为勉励。1950 年，为庆祝斯大林 70 寿诞，陈佐汉又将云鹤盘等 3 件精美的仿古青瓷通过外交途径送往苏联，表示祝贺，并得到苏联政府的回复答谢。

[19] 陈佐汉之子陈战生保存手稿。

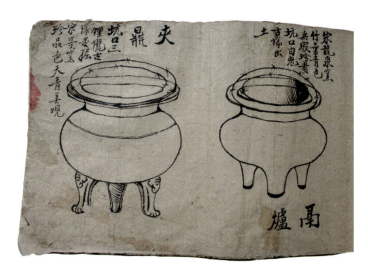

《古龙泉窑宝物图录》之夹鼎、
鬲炉

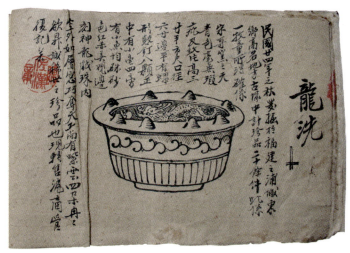

《古龙泉窑宝物图录》之龙洗

为当时的龙泉县长徐渊若撰写《哥窑与弟窑》一书提供了大量有价值的素材和资料，更为后人研究制作龙泉青瓷留下了十分珍贵的资料。

从图录中我们看到，即使是作为民间哥窑研究的佼佼者，陈佐汉对哥窑的认识以现在来看还是有偏差的。如图录104页之夹鼎，其说明是"坑口三锺垅古冢发掘，宋哥窑珍品，色天青美观"。但我们从描绘的图形来看，其与右侧鬲炉之形状相近，且此鼎之形状也不像是哥窑产品，按现代人的理解当是弟窑产品。105页之菊花炉，其说明是"宋哥窑品，色翠绿花细。象溪白象古冢发掘"。而所绘之炉是南宋末出现、主要流行于元的堆贴花产品，可以肯定不是哥窑产品。111页之龙洗，其说明是"民国廿四年之秋，发掘于福建之浦城东乡高岩地方古冢中，计珍品二十余件，此系一牧童所得，确系宋哥窑之天青色，毫无瑕疵及纹片……"从图中我们看到，此洗上有鼓钉龙纹，不仅时代到不了宋，而且肯定不能归为哥窑产品类，可是却作为哥窑珍品卖给了上海的商人。113页是一对龙虎瓶，也被认作了哥窑。从上述举例来看，陈佐汉对哥窑的认识显然是模糊的，而商人对哥窑的概念可能更不清晰，以至于将元代龙泉窑产品当作哥窑来收购，这也从侧面反映了民国时期对哥窑的认知水平。

徐渊若先生于20世纪40年代前后任龙泉县县长，期间对龙泉哥窑与弟窑进行了调查研究，在吸取大量当地仿古能手与收藏家对哥窑观点的基础上编著了第一部以哥窑为专题的著作——《哥窑与弟窑》。该书对哥窑的烧造年代、窑址、民国时期的发掘以及历代哥窑的仿制与真伪鉴别、烧造工艺等都做了全面的分析，可谓当时研究哥窑的集大成著作。徐作为陈佐汉的上司，陈佐汉的龙泉古物是其主要资料来源，从书中我们也看到其观点受陈佐汉影响之深。

除此之外，龙泉当地的收藏家和研究者也对龙泉哥窑做过专题研究，可惜大部分文献在当时没有发表，今已不见原稿，只能从《哥窑与弟窑》的附录中觅得一二。

综观民国时期对哥窑的认识，主要有以下几点。

1. 关于窑址

民国人一般都认为哥窑在龙泉，基本没有人认为是旁地。

徐渊若《哥窑与弟窑》归纳为："观此，诸家于哥弟窑之制于南宋抑北宋，众议纷纭，而于主窑之人为二章，烧窑之地为龙泉，建窑之时为两宋，则已略无疑义。此外，

大窑村

诸书所载，大致从同。琉田（又名琉珊）在龙泉南乡小梅镇之大窑村……"

黄矞在《瓷史》中载："哥窑即龙泉窑之别称，亦曰处器。"[20]

郭葆昌《瓷器概说》载："龙泉（窑建于宋初，地名琉田市，在今浙江龙泉县）哥、弟（宋有处州人章生一、生二兄弟，在龙泉琉田市分窑制器，故以哥窑弟窑别之）……"[21]

然而对于哥窑具体位于龙泉何处，尚有不同观点。

（1）哥窑在大窑村

陈万里《龙泉青瓷之初步调查》载："龙泉即弟窑，章生一所主者，以别于生二故，遂称哥窑。然而按诸现在当地称谓，则哥窑弟窑所在地，盖以大窑目之。"

徐渊若在《哥窑与弟窑》中总结了当时认为哥窑所在地在大窑的理由，包括《陶说》"宋哥窑本龙泉琉田窑"；《天工开物》"宋时龙泉华琉山下有章氏造窑"。

（2）哥窑在溪口

徐渊若说哥窑在大窑并不是那么决然，其《哥窑与弟窑》又提出："时人以溪口附近之八宝山（志称马鞍山）所产之泥，可制铁骨，又因溪口附近发现古石磨，疑即当时碾粉制瓷所用，因之推断哥窑窑址，当在溪口。此

[20] 黄矞：《瓷史》，见桑行之等编《说陶》，上海科技教育出版社，1993年。

[21] 郭葆昌：《瓷器概说》，见桑行之等编《说陶》，上海科技教育出版社，1993年。

言虽不足征，但精美之铁骨作品，颇多出现于溪口一带，则哥窑窑址在溪口之说，要亦言之成理。""溪口墩头方面之哥窑，过去无人注意，至民二十八年（1939 年）十月间，有江西客商章九堤、王少泉等前来采购，始认真开掘。遂知有铁骨、铁沙底、铜边、铁足等区别。据邑人吴文苑氏谈：溪口之旧窑址，上层均系普通之龙泉窑，三十年秋，更发掘而下，始发现现时之薄胎铁骨云。"吴文苑确实厉害，也懂古地层，据 2010 年我们在溪口瓦窑垟的发掘所见，吴氏所言非虚。

哥窑窑址在大窑最初受质疑不多，但随着溪口的出土品渐多而变得模糊起来。徐渊若在《哥窑与弟窑》中提到："哥窑以铁骨为贵，初仅于大窑村采掘得之，及后又在溪口墩头间之瓦窑垟一带发现。大窑村在查田南十五里，而溪口则在查田之北约五里许，故典籍所载之窑址，由于上述两窑基之发现，顿成疑案。"

陈万里在《第二次调查龙泉青瓷所得之观感》中也提到："（一）大窑有章生二之作品，就碎片可以证明之，毫无疑义，究竟生二之确实窑基，在于何处，极难判断。（二）章生一所陶者，是否亦在大窑，无从证明。"[22]

面对此争议，徐渊若先生认为："吾人根据目前资料，参证当地出品，有可得而言者，政和年间，窑业鼎盛，徽宗潜心艺术，上有好者，下必风然景从，雍乾瓷业之耀彩一时，可为明证。是以哥窑以民间之秀，与定、汝、钧窑争一日之长，为时当在北宋，此论哥窑之时期。生一在日，既负时誉，朝廷责贡，决非一人之精力所能兼顾，势必广收学徒，或有出蓝之士，继其余绪，仿哥而可乱真，或更有所改进。亦有后起之秀，同仿官窑而得其神似，顾为生一盛名所掩者。是不问大窑与溪口所产，孰者为精为粗，似均不足据以为断，此论哥窑之地址。""龙泉窑业，当发祥于大窑，且在二章以前，必已有相当之基础。古冢中发现之唐瓷晋瓷，釉色式样，已大有可观，堪为明证。及后为图原料采集之便，运输往来之速，遂

[22] 陈万里：《第二次调查龙泉青瓷所得之观感》，《瓷器与浙江》，中华书局，1946年。

逐渐迁至溪旁，是溪口窑业之后于大窑，殆可断言。及后又一面沿溪至八都木岱，一面沿溪而至丽水宝定，均有脉络可寻。翻阅陈著《青瓷之调查及研究》，亦有类似之说。"[23]

由上可知，民国学者关于哥窑窑址就在龙泉基本没有疑义，至于具体在大窑还是溪口，随着发掘出土的情况变化而有所变化。即当时人对于这一问题的看法不是一成不变的，而是根据出土器的特征、文献记载、工艺技术等用逻辑分析得出的结论。徐渊若和陈万里的推理均不乏妙处，可资参考。

2. 关于胎色胎骨

对于哥窑胎骨的看法，比较普遍的有"铁骨""性坚""厚胎薄胎""白胎""灰胎""红色""紫口铁足"等。

徐渊若《哥窑与弟窑》中提到："世俗以铁骨代称哥窑……故作青黑色，且较坚硬……哥窑中虽亦有灰胎，惟以铁骨为多，又分厚胎薄胎两种。厚胎铁骨，坚硬黝黑……薄胎质薄玲珑……哥窑又有紫口铁足之称。""弟窑胎质，陶炼最纯，多青灰色，或紫色，黄色。以薄胎为佳。"可见徐认为哥窑胎体以铁骨为多，也有灰胎，但未提及白胎。

而郭葆昌《瓷器概说》中提到："龙泉、哥、弟胎质皆白，微带灰色。弟窑陶炼最纯，哥窑别有黄与黑泥二种。"郭认为哥窑既有白胎（微带灰色），也有区别于龙泉和弟窑的黄、黑色胎。看来确实混乱。

此外，提及胎色呈现红色的，有许之衡《饮流斋说瓷》：哥窑"其胎质细，性坚，其体重……有紫口铁足。无釉之处所呈之色，其红如瓦屑"。根据描述，许之衡肯定是看到了部分生烧产品。另外，郭葆昌《瓷器概说》载："龙泉窑有用紫金水合白泥者，骤观之颇似红泥，其实非也。"[24]而叶正生认为红白泥质不是哥窑："凡

[23]《哥窑与弟窑》。
[24]《瓷器概说》。

铁骨料薄有纹，釉色白糊或梅子箐为哥窑，其余红白泥质，绿与黄釉较多者为弟窑。"

综上可见，民国人对哥窑胎（胎色、胎骨）的看法不尽相同，但是基本上可总结为铁骨、性坚、厚胎薄胎、紫口铁足等。但"所呈之色，其红如瓦屑"也许就是后来所见传世哥窑多为生烧产品之故。

3. 关于釉面及釉色

对于哥窑的釉色，民国人基本认为"色青"，另有少量"蛋白色、米黄色"。至于"色青"具体的区别，纷繁复杂、不一而足。

认为主体"色青"的，如徐渊若《哥窑与弟窑》："龙泉窑有果绿、天青、粉青、翠青、葱翠青……哥窑有豆绿、翠青、粉青、浅青、灰青……"均是程度不同的青色而已。《哥窑与弟窑》还指出了当时社会上习见之哥窑釉色与古籍记载的差异："釉色据往籍所载，为蛋白色，或稍带黄色如炒米色，均有纹片。惟近世习见之铁骨哥窑，大都青褐色。"以现有考古发现之成果来分析，"往籍"中记载的哥窑产品往往是流传于世的烧成正品，或离正品不远，而徐所习见的铁骨产品多为窑址所见之次品和废品，大多温度略高，釉色略深，故有"大都青褐色"之叹。

郭葆昌《瓷器概说》："龙泉窑有天青、粉青、翠青、葱翠青……哥窑有翠青、粉青、浅青（极浅者其色近白）、灰青，弟窑色与龙泉同……诸窑……大抵皆青。哥窑别有米色一种，其变例也。"郭先生既用了一个"大抵皆青"来概括哥窑釉色，也指出了"哥窑别有米色一种，其变例也"的事实[25]。而从烧成工艺来看，郭所说的米色是烧成时温度不够（即生烧）所造成的，恰与徐渊若所说之略过烧产品"大都青褐色"形成了比照，而且郭指出这是特例，不具有共性。奇怪的是，郭氏实际研究之哥窑，恰是将其特例当成了共性。

《古玩指南》之认识与上基本相同："哥窑之器，

[25]《瓷器概说》。

釉色以青为主，亦有淡紫色或鲜米黄色，铁足紫口颇似官窑。以碎纹著名，有裂纹百条者，号百圾碎。亦有作鱼子纹者，但仍以釉水纯粹无纹者为最上。弟窑之器，胎薄如纸，光润如玉，有粉青、翠青二色。弟窑之器，以青色无断纹者为最佳。其别于哥窑者，亦在无断纹。"[26]

陈万里在《故宫一部分古瓷鉴定之商榷》一文中提到："明张应文的清秘藏论窑器一段中说及龙泉窑：'古宋龙泉窑……有等用白土造器，外涂釉水，翠浅影露白痕，乃宋人章生所烧，号曰章窑，较龙泉制度，更觉细巧精致……'……清秘藏里所说的一段，证之我个人经验，是可信的了。""翠浅影露白痕"要切实领会有点难，似乎是青中泛白的意思，这倒也符合实际情况。

徐渊若认为不应武断否认蛋白色炒米色是哥窑特征。他在《哥窑与弟窑》一书中指出："钱叔青氏疑哥窑之所谓蛋白色炒米色，或系误以明清景德镇之仿制品，目为哥窑。余以为吾人所见有限，尚难下此断语。"同书亦提到："弟窑之釉色，以深湖绿色及淡绿色为正宗……其余有惨绿色者，有淡如葡萄水者，有鱼肚色而稍泛绿光者。此外尚有米色者、鳝鱼黄者，（成化仿宋，有黄色碎点于底脚内外围绕一周，姿致活泼者，谓之鳝鱼皮。）及酱黄者……弟窑之釉，虽较哥窑为厚，但匀净细腻则过之，精光内蕴，宛如碧玉。"

《哥窑与弟窑》中还提到了窑变："哥弟窑颇多窑变……有《博物要览》载：'官哥二窑，时有窑变，状类蝴蝶、禽鸟、麟豹等像，于本色釉外，变色或黄或红紫……'"

另值得一提的是，《哥窑与弟窑》中对于烧造技术也有提及，并根据烧造技术说明釉色出现及变化的原因："疑哥弟窑等亦必蘸釉数度，否则无此艳色。"推测哥窑为多次施釉。

综上所述，可见在时人眼中，哥窑器以"色青"为正，其余如惨绿、蛋白、米黄、酱黄等都有少量存在，而其

[26] 赵汝珍：《古玩指南》，1943 年铅印本。

中蛋白色、米色可能是元明仿烧。此外还存在一定的窑变，状类蝴蝶、禽鸟、麟豹等。徐渊若还认为哥窑可能多次施釉。

4.关于开片

开片是哥窑最重要的特征之一，提及哥窑，必然会想起所谓"断纹""百圾碎"。《哥窑与弟窑》中就提到："哥窑以碎纹著名，术语曰开片，或曰断纹。各种裂纹，系一种'湿隐裂'。"

关于开片的分类，《哥窑与弟窑》中提到："开片有各种名称，曰冰裂纹、蟹爪纹、鳝血纹、百圾碎、牛毛纹、鱼子纹等。"此外尚有蚯蚓纹、兔丝纹、流水纹、叶脉纹等，"种类繁多"。关于所谓的"文武片"，该书载："俗称小开片曰文片，大开片曰武片。哥窑开片，以冰裂纹与百圾碎为多。牛毛蟹爪，为开片之大者，鱼子为开片之小者，冰裂有大有小。"

关于开片的颜色，《哥窑与弟窑》中认为是白色："哥窑开片，其裂缝大都成白色，所谓白络是也。"

关于出现开片的原因，郭葆昌在《瓷器概说》中从工艺上给出了解释："颜料釉汁务令熔合，虽其性仍在，经火后间或不免有纹，但细如蟹爪行迹矣……配合釉汁若用玻璃质成分稍多，烧成即现冰裂之状……汝、官、哥窑乃专利用此法……"

以上所述，都没有提到开片在釉的表面还是釉里。徐渊若先生在《哥窑与弟窑》中指出："哥窑之开片，虽纹痕破碎，而釉之表面则毫无形迹。且哥窑之开片，出窑即然，并非由于历久而裂。""弟窑初无纹片……惟历时过久，自然碎裂。此种开片，易于损及釉面。"陈佐汉也认为"相传光素冰纹者为哥窑"[27]。

此外，徐渊若认为"古人亦谓哥窑之佳者，釉纯无纹"[28]。

综上所述，对哥窑开片的描述有"微带黄色""白色"

[27]《哥窑与弟窑》。
[28]《哥窑与弟窑》。

等，但未找到所谓"金丝铁线"的描述。这值得引起我们足够的注意。

民国人对哥窑开片的认识是从各方面去理解和阐述的，并且对于裂纹的颜色、位置存在不同的看法。后期徐渊若的观点富有新意，可见对哥窑开片的认识是随着出土器物的渐多而渐深的。

民国时期各人对哥窑的认识在窑址、胎骨、釉、开片上都有各持的观点，此外，对于花纹、款式的认识也不尽相同。因此，才会出现如陈万里先生在《故宫一部分古瓷鉴定之商榷》一文中，对于郭葆昌先生的定名提出诸多不一致的看法。而民间商贩对哥窑弟窑的认识则更是一知半解。徐渊若在《哥窑与弟窑》一书中即有提到："余常与邑中之古董商谈弟窑，觉彼辈之所谓弟窑，与吾人所见之弟窑，界限颇有宽狭之分，彼等将一切宋窑皆名之曰弟窑。尤以一般掮客，似有知，似无知，鉴别货物，或曰此大窑也，或曰此弟窑也，或曰此官窑也，或曰此铁骨也，似随口而出，又似略有所据……仅凭洋庄客商之牙慧，撷拾而织成一肤浅之常识。"

5. 关于年代

关于年代并无二致，即宋。

徐渊若《哥窑与弟窑》载："观此，诸家于哥弟窑之制于南宋（西历一一二七至一二七九年）抑北宋（西历九六〇至一一二七年），众议纷纭，而于主窑之人为二章，烧窑之地为龙泉，建窑之时为两宋，则已略无疑义。"

纵观民国时期对哥窑的认识，不管是居庙堂之高的故宫博物院之郭葆昌、陈万里，还是处江湖之远的徐渊若、陈佐汉，对哥窑器物特征胎釉开片的把握，显然不如明清时期那么清晰。而且从整个历史发展的过程看，也就是从民国时期开始，对哥窑的认识越来越模糊，对哥窑特征的把握也出现反复。

三　民国时期人们对哥窑认识不一的原因分析

民国时期人们对哥窑认识产生了许多不同的观点，其原因比较复杂，综合看有以下几点：

①哥窑为宋代名窑，距离民国时间较远，随着时间的流逝，其记忆、概念逐渐模糊起来。

②哥窑曾经中断烧造，且持续时间不够长，流传于世之产品不够多。

③元明清皆有仿，所仿哥器干扰视听。

④古代文献记载不多，且在明后期对其记载就已经开始模糊不清。

⑤民国以前龙泉出土古器较少，民国时期由于对龙泉古墓、古窑址的发掘而出土很多古器，而这些古器的一些特征与原古籍记载的有出入，所以对哥窑的重新认识提上了日程。由于发掘所获得的资料不同，不同学者对哥窑的看法产生了不同。

⑥一般人对哥窑的认识更多地受到基层商贩、村民、外国商人等的口耳相传的影响。而基层商贩和村民既没有古文献基础，也不会去及时更新知识结构，他们对哥窑的认识会出现徐渊若先生所谓的"肤浅之常识"，而这些"肤浅之常识"往往会影响社会对哥窑之准确判断。

⑦由于采取不同的研究方法导致不同的看法。一些学者亲身赴遗址参与发掘和后期研究，如陈万里先生对哥窑的认识由浅及深且随着发掘的深入而不断修正。《龙泉青瓷之初步调查》中提到："凡此地址，均为向来文献所不载，而明代顾仕成窑之在竹口，及从前只知明仿龙泉移于处州府而不详其地点者，今则所留遗迹，确凿可考矣。于以知古籍记载之仅凭传闻，转辗抄录者，苟欲加以证验，非实际调查不为功。同时实地经验之结果，往往竟有出于意想者，证诸此番调查而益信。"[29] 参与发掘和调查是学者形成其观点的一大途径。一些研究者是从仿制古青器、恢复古代烧造技术的角度出发对哥弟

[29] 陈万里：《龙泉青瓷之初步调查》，《瓷器与浙江》，中华书局，1946年。

竹口，明中晚期龙泉窑瓷业中心

窑进行研究，如蒋建寅、陈佐汉、张高礼、李君义等。至于其他地区的学者，除倚仗古文献外，接触到的更多的是二手资料。而古文献也多为鉴赏类著作，主观判断较多但不一定正确。

可见，由于哥窑问题本身历史的复杂性，出土器物的复杂性，以及不同人研究的资料、立场、方法的复杂性导致了对哥窑看法的多样性。

在对历史进行研究的时候，需要将文献资料与实物相结合。民国时期的陶瓷研究方法在沿袭了传统金石学的基础之上又有与近现代考古学方法的结合，故而对于今人纠正一些附会传说的偏差、理清哥窑发展与认识的脉络起着重要的作用。

综前文所述，民国人眼中的哥窑大致如下：

①哥窑烧制时间为宋，地点为龙泉。当时龙泉有章氏兄弟烧窑，哥窑即系章生一所烧，以兄名；章生二所烧为弟窑，又名龙泉窑（不同于古龙泉窑），也称章窑。在瓷器中常将二者相提并论，置于一起互相比较、进行辨识。

②唯有宋时所烧的才称为哥窑，宋之后元、明、清的一律称为仿哥窑，近世所存赝品甚多，真正的哥窑千不得一。

③对于哥窑器物的辨识，最为关注"紫口铁足"、特殊的开片裂纹、釉色青绿偏幽艳这三个特点。

此外，受当时人的偏重、外国人的喜好（偏重釉面无纹、颜色偏绿的瓷器）以及真品极少等情况影响，在民国时期的古玩市场中哥窑并没有非常得到看重。

第二节　1949 年至今对哥窑的认识

1949 年以后是哥窑问题的大讨论时期，争论主要集中在哥窑的产地、传世哥窑的时代等问题上。

一　哥窑产地问题的讨论

产地问题是有关哥窑问题中讨论最多、辩争最为激烈的，诸家自成一说，其观点大致可以分成三种：第一种认为哥窑在龙泉；第二种观点认为哥窑不在龙泉；第三种观点认为哥窑是一个子虚乌有的概念，根本不存在。

1.哥窑在龙泉

持此种观点的学者主要包括孙瀛洲[30]、朱伯谦（早期观点）、李知宴、李辉柄[31]、王光尧[32]、张翔[33]、周少华[34]等，他们多赞同文献记载的哥窑是宋代五大名窑之一，窑址在浙江省龙泉，处州人章生一、生二兄弟在此分窑烧造。

朱伯谦在《浙江省龙泉青瓷窑址调查发掘的主要收获》一文中说："相传章生一在龙泉琉田主一窑，所产瓷器为黑胎、紫口铁足、青色釉，有开片。这些特征与大窑、溪口窑址中出土的黑胎青瓷相吻合，黑胎青瓷应当是哥窑的产品无疑。"[35]看来，朱先生早期对龙泉黑胎青瓷的认识是比较坚定的，认为"黑胎青瓷应当是哥窑的产品无疑"。

牟永抗与任世龙尽管对历史上是否存在哥窑还不是那么肯定，但他们认为，"如果宋代确实存在过一种如元、

[30] 孙瀛洲：《谈哥汝二窑》，《故宫博物院院刊》1958年第 1 期。

[31] 李辉柄：《关于"哥窑"问题的探讨》，《故宫博物院院刊》1981年第 3 期；李辉柄：《"哥窑"的正名及其有关问题》，《故宫博物院院刊》1994年第 1 期。

[32] 王光尧：《杭州老虎洞瓷窑遗址对研究官、哥窑的启示》，《故宫博物院院刊》2002年第 5 期；王光尧：《从考古新材料看章氏与哥窑》，《故宫博物院院刊》2004年第 5 期。

[33] 张翔：《论哥窑和弟窑》，《东南文化》1988年第 1 期。

[34] 周少华：《哥窑散论》，《东方收藏》2010年第 1、3、6 期。

[35] 朱伯谦、王士伦：《浙江省龙泉青瓷窑址调查发掘的主要收获》，《文物》1963年第 1 期。

明文献所称的哥窑，那么，在目前来说似乎还是以瓦窑垟类型的仿官制品为宜"。"瓦窑垟类型的仿官制品"即是指龙泉的黑胎青瓷。[36]

李辉柄先生的观点颇值得注意，他认为，元至清各代文献所提及的"哥窑"均指"龙泉哥窑"，而大窑、溪口等地烧制的黑胎青瓷，同文献记载的"哥窑"瓷器特征完全吻合，称其为"哥窑"是名正言顺，完全正确的。

同时，李辉柄先生认为"哥窑"与宫中传世品（传世哥窑）本来是风马牛不相及的两个瓷窑、两个概念，其区别表现在：传世哥窑胎骨较厚、釉较薄；龙泉哥窑胎薄而釉厚。传世哥窑胎色不一，有沉香色、浅白色、杏黄色、深灰色、黑色等多种；龙泉哥窑则以黑胎为主。传世哥窑釉不透明，釉面光泽像人脸上的微汗，润泽如酥；龙泉哥窑釉为透明，玻璃光泽感也强。在开纹片上，传世哥窑是人们有意作为瓷器装饰的一种工艺方法，一般均着色；龙泉哥窑似乎不是作装饰用，因而一般不着色。所谓的"紫口""铁足"，两者也不一样。传世哥窑由于胎色不一，釉的流动性也小，故有的有"紫口"，有的无"紫口"；龙泉哥窑胎色黑，釉层厚而透明度强，流动性也大，因而一般均有"紫口"。传世哥窑因裹足支烧者居多，所以"铁足"者也少；龙泉哥窑均采用垫饼烧，圈足底端的釉层被刮去，烧成后露黑胎，所以均为"铁足"。因此文献记载"紫口""铁足"是龙泉哥窑的主要特征。传世哥窑属于官窑，即修内司官窑，是宋代官办瓷窑之一，而龙泉哥窑是民窑。早在20世纪30年代初，研究者即把二者通称"哥窑"，并进而认定宫中传世品为龙泉所烧。

李辉炳先生将文献记载的哥窑与传世哥窑产品相区分开来，并认为龙泉黑胎产品即为哥窑的说法，从目前两类器物的特征来看，是比较符合事实的。至于其对于龙泉黑胎产品特征的把握，如以黑胎为主、釉为透明、均为"铁足"等描述，因囿于材料的限制，失之片面；关于传世哥窑为修内司官窑，龙泉大窑、溪口等窑烧制

[36] 牟永抗、任世龙：《"官""哥"简论》，《湖南考古辑刊（第三集）》，岳麓书社，1986年。

的黑胎青瓷即哥窑，是受到郊坛下官窑的影响而发展起来的，或者就是为了满足朝廷及达官贵族们的用瓷而烧制的，时代大致定于南宋后期至元末之际等判断，从目前龙泉大窑、小梅以及杭州老虎洞窑址等新发现的标本来看，尚值得商榷。传世哥窑并不完全属于同一类产品，内涵比较复杂，不过将文献记载的哥窑与传世哥窑产品区分开来，这是科学研究哥窑的首要条件，从这一点来说，李先生功不可没。

将哥窑即明清文献记载的哥窑与传世哥窑区分对待，其实也是许多学者的共识。与李辉柄先生《关于"哥窑"问题的探讨》同时期发表的李知宴先生的《从龙泉窑的调查和发掘谈哥窑问题》一文，认为"哥窑和弟窑是龙泉窑系中的两个品种，传世哥窑比较复杂，有的可能是龙泉生产，有的则为后代仿制"[37]；更早至 20 世纪 60 年代，周仁先生通过理化测试，即提出"传世宋哥窑（瓷）不在龙泉烧造之说是可以接受的。龙泉黑胎青釉瓷可能就是正统的哥窑这种说法也是有相当根据的"[38]。

进入 2000 年以后，"传世哥窑"成了哥窑问题探索中一个重要的研究方向，但其复杂性也是显而易见的。特别是杭州老虎洞窑址元代地层发现以后，许多学者针对传世哥窑问题发表了自己的看法，这一点将在后文讨论。

2. 哥窑不在龙泉抑或龙泉黑胎产品不是哥窑产品

持此观点者以冯先铭先生为代表，主要包括朱伯谦（晚期观点）、阮平尔[39]等。

冯先铭先生认为，南宋后期龙泉的黑胎瓷器并非哥窑，而是仿官窑的产品，哥窑、弟窑的命名值得怀疑，可能为后人根据前人的传闻演绎出来的。他根据《格古要论》中"有黑土者谓之乌泥窑，伪者皆龙泉烧者，无纹路"的记载，认为"龙泉窑的黑胎青瓷正是《格古要论》指出的乌泥窑，是仿官窑的作品"。同时"《格古要论》中提到一个碎器窑，烧造地点就在吉安永和镇。碎器窑

[37] 李知宴：《从龙泉窑的调查和发掘谈哥窑问题》，《中国历史博物馆馆刊》1981年第 3 期。

[38] 周仁、张福康：《关于传世"宋哥窑"烧造地点的初步研究》，《文物》1964 年第6 期。

[39] 阮平尔：《越瓷谈纲》，《中华文物学会》1991 年刊。

器物就是与哥窑器物类似的开片釉，有较大可能这是宋代的名称，因此，吉州窑有可能烧哥窑器物"。[40] 这里的"哥窑器物"指宫中所谓的"传世哥窑"。这一"龙泉黑胎产品并非哥窑，而为仿官产品"的说法，后被写入由中国硅酸盐学会主编的《中国陶瓷史》[41] 中，这是一部迄今为止最权威、影响最大的陶瓷史著作，因此也影响了很多学者，凡否定龙泉为哥窑产地的学者，基本上都认为龙泉黑胎产品为仿南宋官窑烧造。

我们再来讨论龙泉黑胎产品非哥窑说的观点。

首先该观点认为龙泉黑胎产品为仿官器物，因此不能是哥窑。这其中有一个逻辑问题，仿官是讲产品的性质，在这一方面，龙泉黑胎产品可以是仿烧南宋官窑的器物（姑且承认其为仿官产品），也可以是原创的产品，甚至可以是其他性质。但无论是哪种性质，不影响其称呼，正如耀州窑的仿越窑产品不影响其仍称为耀州窑、高丽青瓷的仿汝窑产品不影响其仍称为高丽青瓷，龙泉窑中的黑胎产品也应该有一个名称，它可以叫张三窑，也可以叫李四窑，而明清以来对这路产品一直称为哥窑。换句话说，明清主要文献中哥窑概念所描述的对象均为龙泉的黑胎产品，因此对于此路产品没有必要再用新名。

其次，作为大窑、溪口等龙泉核心地区早期瓷窑址考古工作主要执行者的朱伯谦先生，早期非常坚定地认为"黑胎青瓷应当是哥窑的产品无疑"，但不知何故，虽然并没有出现新的考古材料，其晚期却对此观点进行了修改。他认为："黑胎青瓷与南宋郊坛下官窑的制品，在生产工艺方面，从胎釉配方到烧成都有许多相同之处。例如釉的化学组成非常接近，……坯料中都羼加了一定量的紫金土，使之呈现深浅不一的灰色；胎壁都很薄，制作非常精细；釉层丰满，都采用多次上釉的方法；以及用垫饼垫烧等。从外观看，它们都是薄胎厚釉，紫口铁足，造型优雅端巧，釉面开裂，不用或很少用纹饰来美化瓷器。尤其是那种胎质较松，体较轻，釉呈粉青色

[40] 冯先铭：《哥窑问题质疑》，《故宫博物院院刊》1981 年第 3 期。
[41] 中国硅酸盐学会：《中国陶瓷史》，文物出版社，1982 年。

的瓷器，真是一模一样，难以区别。同时在龙泉窑中，到目前为止还没有找到黑胎青瓷发生和成长过程的迹象，也就是说，在龙泉窑中没有发现它的渊源关系。因此，黑胎青瓷在生产工艺上是受了南宋官窑的影响，是龙泉仿官的产品，而且也有可能是龙泉官窑的产品。"[42]朱先生是龙泉黑胎青瓷窑址与南宋郊坛下官窑的发掘者，其对两种产品的认知无疑是准确且入木三分的。但问题是，早期大窑及溪口一带的考古规模并不是很大，朱先生所看到的可能是龙泉黑胎中最精致的产品。而从近几年新的考古材料来看，龙泉黑胎产品远非仅有极类郊坛下官窑的这一种，其胎色、胎质、釉色、釉质之复杂应在南宋官窑之上，特别是新近发现的小梅瓦窑路窑址出土的产品，即为官窑所不见。从目前的各种材料来看，龙泉的黑胎产品也可能是渊源有自，或者是有一个发展变化的过程，而非无源之水。[43]况且，前面已经叙述，仿官是性质，不影响哥窑之命名。另外，在目前两者时间上孰早孰晚尚无定论的情况下，不宜简单地将龙泉黑胎产品归为仿官。

3. 认为哥窑是一个子虚乌有的名称

冯先铭、朱伯谦等持哥窑不在龙泉说的诸先生认为哥窑、弟窑的命名值得怀疑，可能为后人根据前人的传闻演绎出来的，这一点李刚又进行了较详细的演绎。[44]

李刚认为，"哥窑"之名源于"哥哥洞窑"，它本与龙泉窑毫无关系。最早述及"哥哥洞窑"的是元人孔齐的《至正直记》，该书记载"哥哥洞窑"的产品"绝类古官窑"，说明此窑所烧器物是完全仿照宋代官窑瓷器的。在明初成书的《格古要论》中，"哥哥洞窑"已被简称为"哥窑"。至于"哥窑"的地点，明人高濂的《遵生八笺》说在杭州凤凰山下，明人王士性的《广志绎》与此相同。1996年，人们在杭州凤凰山发现了一处烧制黑胎青瓷的古窑址，据此考证，该窑正是元人孔齐记述

[42]朱伯谦：《龙泉青瓷简史》，《龙泉青瓷研究》，文物出版社，1989年。

[43]徐军、郑建明：《浙江：龙泉窑最新研究成果的展示——"中国古陶瓷学会2011年年会暨龙泉窑学术研讨会"简述》，《中国文物报》2011年12月9日第7版。

[44]李刚：《宋代官窑探索》，《东南文化》1996年第1期；李刚：《宋代官窑续论》，《东方博物》第十九辑；李刚：《内窑、续窑和哥哥洞窑辨析》，《东方博物》第二十三辑；李刚：《内窑、续窑和哥哥洞窑续论》，《东方博物》第三十四辑。

的"哥哥洞窑"。从窑址废弃物的情况并结合文献记载看，"哥哥洞窑"在元末烧制"土脉粗糙，色亦不好"的瓷器时，其衰亡的丧钟已经敲响。大约过了一个半世纪，人们将"哥窑"与龙泉窑牵扯到了一起。

而"龙泉哥窑"之名当为"古董行"附会而成，其原因有三：第一，南宋龙泉官窑黑胎瓷的釉面特征与杭州凤凰山元代"哥哥洞窑"早、中期的产品非常相似，这类瓷器流传到明代，世人已难辨彼此，故只得以"哥窑"称之；第二，至明代中晚期哥哥洞窑已倒闭150多年，荆棘遍布、杂草丛生的窑场废墟早已被人遗忘，此时，曾烧制过黑胎开片瓷器的龙泉窑尚在生产商品瓷，这便引导拥有或喜爱黑胎青瓷的人朝浙南山区追本溯源；第三，明代景德镇等地的窑口大量烧造仿"哥哥洞窑"制品的开片瓷器，它们在当时被统称为"哥窑"瓷器，但这些瓷器的外观特征与南宋龙泉官窑和元代"哥哥洞窑"的黑胎青瓷截然不同，于是，古董商和部分鉴赏者自然而然地把"哥窑"这顶桂冠戴到了龙泉窑头上。因此，时至今日，理应彻底摈弃"龙泉哥窑"这一虽神奇动听却子虚乌有编造的故事，还龙泉官窑以固有的、重要的历史地位，而不能再以讹传讹、贻误今人和后人了。

此外，李刚又对传世哥窑进行了梳理，认为海内外收藏的"传世哥窑"瓷器釉层丰腴而不透明，多呈月白或米黄色，釉面有大小不等的片纹，均着色，其年代应晚于元末，非宋代产品，其产地为杭州哥哥洞即老虎洞窑址。哥哥洞窑址元代早中期生产"绝类古官窑"的青瓷，元末受战火侵扰，得不到技术的支撑而无法再烧出莹润的粉青釉优质瓷器，然灰胎和黑胎、乳浊釉等特征仍在所烧瓷器中保留了下来，其中月白和米黄色、釉面开片的产品，已类似所谓的"传世哥窑"瓷器。哥哥洞窑遗址的发现，揭示了哥窑瓷器及哥窑之名的源头，但没有解决"传世哥窑"的问题，因为哥哥洞窑遗存的晚期产品的残片与"传世哥窑"瓷器的状况不完全吻合。有学者在对传世哥窑瓷片进行化学分析后，认为传世哥窑瓷器的产地可能在江西景德镇，李刚认为这种可能性是存在的。而龙泉大窑、溪口等地生产黑胎产品的窑址，实为受处州府监控的龙泉官窑所在，它烧制的黑胎瓷属"县官未尝见"的宫廷用瓷。

李刚这里所谈的其实都是传世哥窑的情况，传世哥窑的情况相当复杂，包括对其窑口的界定、产地的分析、时代的判定等，学界争议很大，民国时期郭葆昌、陈万里等先生对于某件器物是官、是哥、是汝已无法取得共识，近年来更是有多位学者提出传世哥窑器物至少部分是元明时期的产品（将在后文中详述）。然而，明清文献记载的哥窑是宋代器物，与传世哥窑无关，拿一个明确为"元末新烧"的仿哥产品来否定宋哥窑的存在，也是毫无根据的，关于这一点已在前文详细论述，此不赘述。另外李刚所说的杭州凤凰山元代"哥哥洞窑"早、中期产品，实为南宋时期修内司窑的产品。从这一点来说，李刚对产品年代的判断出现了偏差。

综上，凡是认为哥窑不在龙泉，或认定哥窑是子虚乌有观点的，无一例外的是用传世哥窑代替了哥窑，既然标的物都搞错了，那么结论的正确性就可想而知了。

二 传世哥窑的时代

传世哥窑器物除各大博物馆收藏之外，经常被大家提起的还有 1949 年以来陆续在墓葬与窖藏中出土的部分器物，这些器物与传世哥窑器物特征比较接近，因此亦被归入传世哥窑中。至少有如下几批：

（1）上海青浦任氏墓群[45]

1952 年发现于青浦县，出土哥窑器 8 件。

胆式瓶：4 件。小口，斜肩，鼓腹，圈足。通体有细纹开片，圈足露胎处显紫酱色胎骨，施淡青色釉。

贯耳瓶：2 件。直口，长颈两侧附贯耳，扁圆形腹，圈足。器身纵横细纹开片，施灰青釉。器口、耳釉薄处

[45] 沈令昕等：《上海市青浦县元代任氏墓葬记述》，《文物》1982 年第 7 期。

略呈紫色，即所谓"紫口铁足"。

双鱼炉：2件。一件仿簋式，胎灰黑，侈口，鼓腹，圈足，附兽形双耳，颈下凸起弦纹一周，形制朴厚凝重；釉色青灰，开本色纹片，圈足底露紫酱色胎骨；器心及底均有支痕。一件鬲式，口竖二螭，鼓腹，三足。

墓葬时代为元代。

（2）南京汪兴祖墓[46]

1970年清理，随葬器物共74件，其中哥窑器11件，均为盘，可分大中小三类。葵瓣口，青灰色釉，开片。大盘圈足露出紫酱色胎骨，中、小盘底部留有支烧痕迹。对出土哥窑器，发掘者认为是官窑器。

墓葬时代为明初。

（3）元大都哥窑器物[47]

所发现四种哥窑残片外观精美：Ⅲ-1号为长颈小瓶，胎黑色，釉米白；Ⅲ-2号为炉残片，黑胎，粉青釉；Ⅲ-3号为罐残片，黄灰及黑灰色厚胎，粉青釉；Ⅲ-4号为罐残片，黑胎，釉无色透明。

遗址时代为元代。

（4）溧水窖藏[48]

1975年发现，共19件器物，以瓷器为主。

细颈小瓶：2件。圆唇，敞口，细长颈，鼓腹，圈足。胎质粗松，施粉青色釉，釉层较厚，有多个缩釉小孔。釉面遍布冰裂纹，一种线条较粗、发黑，另一种线条较细、微黄。圈足露胎呈紫黑色。

水注：1件。小口，微扁球形腹部有一环形小錾，圈底，底部三乳足，足呈紫黑色。胎粗松，施粉青色釉，釉层较厚，釉面有冰裂纹，口部冰裂线条较多，呈黑色，其他部位冰裂纹比较疏。

三足炉：1件。直口，圆唇，束颈，圜底。沿上双立耳均已残缺，底部三乳足。胎粗松，呈香灰色。炉内、外施粉青色釉，釉层较厚，釉面遍布粗细不等的冰裂纹，粗线发黑色，细线发微黄色。三乳足足尖无釉，露胎处

[46] 南京市博物馆：《南京明汪兴祖墓清理简报》，《考古》1972年第7期。

[47] 中国科学院考古研究所、北京市文物管理处元大都考古队：《北京后英房元代居住遗址》，《考古》1972年第6期；陈显求、李家治、黄瑞福：《元大都哥窑型和青瓷残片的显微结构》，《硅酸盐学报》1980年第2期。

[48] 高茂松：《江苏溧水永阳镇元代窖藏出土的瓷器与初步认识》，《东南文化》2011年第2期。

呈紫黑色。

时代为元代晚期。

（5）安庆窖藏[49]

1977年发现，窖藏内埋藏大陶罐1件，里面盛放8件瓷器，器形有执壶、盘、匜、盏、把杯等。

米黄釉盘：1件。通体施米黄釉，不露胎，外底中部有六枚支钉痕，釉层厚，有开片；足和口沿釉层薄，呈绛紫色。

葵花口盏：2件。一件敛口，鼓腹，矮圈足，内外施米黄色釉，釉层较厚，半透明，有开片纹；足底露胎，为铁黑色；口沿釉薄，呈绛紫色。另一件侈口，矮圈足，内外施淡青釉，釉层厚，有开片纹；足底露胎，胎质坚细，铁黑色；口沿釉薄，呈绛紫色。

淡青釉盏：1件。侈口，矮圈足，内外施淡青釉，釉厚质坚，有开片；足底露胎，呈铁黑色；口沿釉薄，呈绛紫色。

米黄釉把杯：1件。敞口，斜腹，略束腰，小圈足，环扣把，内外施米黄釉，釉厚而较莹润，有开片；足底露胎，胎坚质细，铁黑色；口沿釉薄，呈绛紫色。

按形制与纹饰特点，应为元代中晚期器物。

（6）长兴墓葬[50]

2013年，长兴一座砖室墓中出土两件传世哥窑型器，为三足炉与贯耳瓶各一件。

三足炉：口微侈，圆唇，束颈，鼓腹，圜底，矮足。除足尖部露胎外通体施青釉，釉面呈现大小不一的开片纹，其中大开片纹线呈褐色，小开片纹线呈淡黄色。足底露黑色胎骨。

贯耳瓶：直口，耳口部与瓶口平，贯耳对称，长颈，扁圆腹，圈足。除足底露胎外通体施青釉，局部釉面受沁呈乳浊色。釉面呈现大小不一的开片纹，其中大开片纹线呈褐色，小开片纹线呈淡黄色。足底露胎呈黑色。

墓葬年代为明代中期前后。

长兴墓葬出土哥窑三足炉

[49] 胡悦谦：《安庆市出土的几件瓷器》，《文物》1986年第6期。

[50] 浙江省文物考古研究所资料。

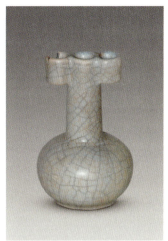

长兴墓葬出土哥窑贯耳瓶

综上所述，历年来考古出土，且因特征类似而被当作传世哥窑型器对待的基本为元代或元以后的器物。

据此，许多学者对原先认为的传世宋哥窑瓷器的年代提出质疑，包括前文提到的李刚以及冯先铭、周仁、李家治、汪庆正、朱伯谦等。汪先生认为"宋哥窑是否存在，要作进一步深入研究，然而，我们过去把传世哥窑都定在宋代是肯定有问题的"[51]。当然汪先生也没有完全否定宋哥窑的存在，只是认为"把传世哥窑都定在宋代是肯定有问题的"，关键是"都"字，就是说起码有一部分是到不了宋的。朱先生则认为，近年出土的哥窑器物是断代的典型器物，从这些器物来看，北京故宫博物院、上海博物馆和台北故宫博物院等单位收藏的哥窑瓷不是宋代的，而是元代或明代的器物。[52]这里就要有一个判断，这些出土的器物之间以及与传世的哥窑器物之特征是否完全一致？另外这些遗址和墓葬的年代只是出土器物年代的下限，器物确切的年代还很难说。周先生从测试的角度认为"传世宋哥窑很可能是宋以后景德镇所烧造的"[53]，这里也存在一个哪些是"传世宋哥窑"的判断问题。

不过，传世哥窑是宋以后的器物已是此时多数学者的认识。

严格来说，宋代理学兴盛而恪守礼教，对祭器、明器等的界别也分明，而宋五大名窑汝、官、哥、定、钧之官用器均很少见于墓葬，也基本不见于窖藏和遗址中。所以上述墓葬、窖藏等出土之传世哥窑型器能否归入哥窑瓷器本身就值得研究，所以寄希望于墓葬出土哥窑瓷器是有一定局限的，把这些器物作为研究哥窑的基本材料也是不完整和不严谨的。

[51] 汪庆正：《官、哥两窑若干问题的探索》，《中国考古学会第三次年会论文集》，文物出版社，1984年。

[52] 朱伯谦：《龙泉青瓷简史》，《龙泉青瓷研究》，文物出版社，1989年。

[53] 周仁、张福康：《关于传世宋哥窑烧造地点的初步研究》，《文物》1964年6期。

3 现代科学技术测试视野下的哥窑

关于运用现代科学技术手段对哥窑进行的测试，始于 20 世纪 60 年代，周仁对由故宫博物院提供的被认为是传世哥窑瓷的标本与浙江龙泉黑胎青釉瓷、白胎青釉瓷以及景德镇仿哥窑瓷标本进行了测试，结果显示"'传世哥窑'不在龙泉烧造之说是可以接受的，龙泉黑胎青瓷可能就是正统的哥窑，这种说法也是有相当根据的"。"传世宋哥窑在好多方面都和景德镇的同类型作品比较接近，而和龙泉黑胎青瓷则很少共同之处"，因而"传世宋哥窑很可能是宋以后景德镇所烧造的"。[1] 这里有几层意思：首先，把哥窑与传世哥窑进行了区分，哥窑在龙泉，但传世哥窑可能在景德镇；第二，哥窑根据文献记载是宋代的，而传世哥窑是宋以后的；第三，用于测试的标本虽然是由故宫博物院提供的，但是从民间购得的瓷片标本，且仅有一块；第四，这块标本是作为"传世哥窑"的代表来对待的；第五，测试数据只有一个。用这样一块本身有许多疑问的标本来判定这样一个重大事件，进而得出'传世哥窑'不在龙泉烧造之说，似乎不是那么严谨。当然，这是受当时条件所限，不能苛求。

20 世纪 80 年代，陈显求通过对元大都出土的哥窑标本与龙泉窑标本、南宋郊坛下官窑标本、龙泉黑胎青瓷标本进行测试研究，认为南宋官窑与龙泉哥窑胎成分差别较大，官、哥窑器的确是用各自地区的原料制造，古籍所载"哥窑取土于杭"不足信，至少可以说，龙泉哥

[1] 周仁、张福康：《关于传世宋哥窑烧造地点的初步研究》，《文物》1964 年第 6 期。

窑所用的原料并不是从杭州乌龟山或其附近运去的。换言之，他认同哥窑在龙泉的说法，认为龙泉黑胎青瓷就是哥窑。此外，他认为景德镇仿哥窑与郊坛下官窑和龙泉哥窑的釉在化学成分上很不相似，亦与故宫传世哥窑有着根本性的区别，或者说根本上是两种东西，更没有证据表明故宫传世哥窑是景德镇仿造的。[2]这似乎可以看作是对周仁先生观点的否定。

张福康根据传世哥窑的胎釉成分，对各地制瓷原料进行模拟配方计算，得出用浙江地区原料无法得到传世哥窑配方的结论，并据此提出两种设想：其一，传世哥窑是北宋官窑产品，宋室南迁时带来南方；其二，如果传世哥窑是在浙江烧造，那么所用原料来自北方汝窑、临汝窑一带。郭演仪则根据传世哥窑瓷胎"高铝高钛"的特征和釉中钙含量偏低、钾和钠含量偏高的情况，初步判断传世哥窑瓷器在河南地区与北宋官窑瓷器一起烧造的可能性最大。[3]这似乎也可以看作是对周仁先生观点的否定。

20世纪90年代以后，李家治先生通过对元大都哥窑标本、杭州老虎洞窑址宋元两个时期标本、龙泉黑胎青瓷标本、故宫博物院提供的传世哥窑标本进行胎釉测试数据的多次比较后认为，无论是从胎釉的化学组成还是釉的显微结构等方面来看，传世哥窑与元大都出土的哥窑标本很可能是元代老虎洞窑的产品。但同时，对于陈显求等人所持的哥窑在龙泉的观点，李先生认为也应该认真对待："现在对这篇论文所得的数据和结论在分析讨论时也应该多一层考虑，那就是所谓龙泉黑胎青瓷是'仿官制品'和'哥窑址不在龙泉'的说法。"[4]这是否意味着李先生虽然认为传世哥窑的产地是元代杭州老虎洞，但哥窑即文献中的宋代哥窑仍指向龙泉的黑胎青瓷产品呢？

周仁、陈显求、李家治三位先生均是古陶瓷测试方面的大家，其实验结果的严谨性、可靠性与权威性是大

[2]陈显求等：《南宋郊坛官窑与龙泉哥窑的陶瓷学基础研究》，《硅酸盐学报》1984年第2期。

[3]郭演仪：《哥窑瓷器初探》，《中国陶瓷》1998年第5期。

[4]李家治：《简论官哥二窑——科技研究为官、哥等窑时空定位》，科学出版社，2007年。

家公认的，他们分别代表了不同时期从古陶瓷科技测试角度对这一问题的看法。周、李两位先生均认为传世哥窑器不是龙泉烧造的，而陈先生则否认周先生认为的景德镇制品说法，是否暗示着龙泉作为产地的可能性。对于龙泉宋代黑胎产品，陈先生直接认为就是哥窑。周先生认为"龙泉黑胎青瓷可能就是正统的哥窑，这种说法也是有相当根据的"。后来又撰文指出："黑胎龙泉青瓷已发现的窑址有大窑、金村[5]二地共五处之多，但未曾发现过碑记、标志等可资证明章生一所主哥窑窑址的确切所在，故目前对这个问题还无法作出肯定的结论。为了把这类青瓷区别于龙泉传统青瓷，我们暂时把它定名为'哥窑型龙泉青瓷'。'哥窑型龙泉青瓷'的特征是与古文献记载的哥窑特征符合的。"[6]即周先生承认南宋龙泉黑胎产品与文献记载的哥窑是吻合的。李先生则针对陈先生的测试结果，认为其观点也应该认真考虑，没有完全否认宋代龙泉哥窑的说法。对于李先生认为传世哥窑产地很有可能是元代老虎洞窑，陈先生直接认为哥窑取土于杭不足信。

关于古代瓷器的胎釉成分分析，也还有不尽人意之处。

[5] 应该是溪口。

[6] 周仁、张福康、郑永圃：《龙泉历代青瓷烧制工艺的科学总结》，《考古学报》1973年第1期。

窑址考古成果

　　龙泉窑是中国瓷业史上最重要的窑场之一，也是中国古代青瓷近千年生产达到高峰的典型代表。龙泉窑主要由龙泉南区和龙泉东区两大区块组成，南区产品主要供应宫廷和贵族，东区产品则主要流向普通民众和外销。

第一节　龙泉窑历年的考古工作

　　尽管龙泉窑在世界范围内影响巨大，民国时期的盗掘活动猖獗，但除了陈万里先生等早期以踏查为主要方式进行的田野调查以外，真正科学的考古调查发掘工作并不是很多，主要有以下几项。

一　1959~1960 年对龙泉南区的考古调查与发掘

　　1959~1960 年，浙江省文物管理委员会组成龙泉窑调查发掘组，对龙泉南区古代瓷窑进行了调查，并对大窑和金村两地的数处窑址进行了局部发掘和试掘。窑址发掘点数量较多，其中发现几处窑场生产黑胎青瓷，但规模均较小，总计发掘面积仅 600 余平方米。通过地层叠压关系初步了解了龙泉窑主要的发展脉络。[1]

二　1974~1981 年对龙泉东区的考古调查与发掘

　　由于紧水滩水电站建设的需要，于 1974 年对水库淹没区内的瓷窑址进行了专题调查，发现龙泉东区窑址近

[1] 金祖明：《龙泉溪口青瓷窑址调查纪略》，《考古》1962 年第 10 期；朱伯谦、王士伦：《浙江省龙泉青瓷窑址调查发掘的主要收获》，《文物》1963 年第 1 期；朱伯谦：《龙泉大窑古瓷窑遗址发掘报告》，《龙泉青瓷研究》，文物出版社，1989 年；张翔：《龙泉金村古瓷窑址调查发掘报告》，《龙泉青瓷研究》，文物出版社，1989 年；牟永抗：《龙泉窑调查发掘的若干往事》，《东方博物》第三辑；浙江省文物管理委员会：《龙泉调查散记》，《浙江省文物考古研究所学刊（第七辑）》，杭州出版社，2005 年。

安福青瓷窑址

两百处。1979~1981 年，国家文物局组织中国社会科学院
考古研究所、中国历史博物馆、故宫博物院、上海博物馆、
南京博物院和浙江省博物馆（后浙江省文物考古研究所
独立建制，考古工作相应地由考古所承担）共同组成紧
水滩工程考古队，分组、分地区对水库淹没区内的古窑
址进行调查、发掘，主要有山头窑、大白岸、安仁口、安福、
上严儿村和源口林场等地窑址。龙泉东区的考古发掘表
明，东区的产品质量略次于南区，且主要生产时间为元
末到明代中期，不能全面反映龙泉窑的发展序列和工艺
成就。[2]

　　南区和东区的考古调查与发掘，都没能解决如白胎
厚釉青瓷、黑胎青瓷以及北宋时期涉及龙泉窑起源问题
等多处年代上的缺环，特别是龙泉窑始烧问题，宋代黑
胎青瓷和哥窑、官窑的关系问题，文献记载中的元代祭
器问题以及明代处州官窑问题等历史悬案，都需要更多
的工作积累去寻找可信的答案。

三　1981~1985 年第二次全国文物普查期间的窑
址调查

1.丽水地区古代窑址调查

　　在此期间，文物工作者对丽水地区的古代窑址进行

[2] 中国社会科学院考古研究所
浙江工作队：《浙江龙泉县
安福龙泉窑址发掘简报》,《考
古》1981年第6期; 李知宴:《浙
江龙泉青瓷山头窑发掘的主
要收获》，《文物》1981年
第10期; 上海博物馆考古部:
《浙江龙泉安仁口古瓷窑址
发掘报告》,《上海博物馆
集刊（第三期）》, 上海古
籍出版社, 1986年; 紧水滩
工程考古队浙江组:《山头
窑与大白岸》,《浙江省文
物考古所学刊》, 文物出版社,
1981年; 浙江省文物考古研
究所:《龙泉东区窑址发掘
报告》, 文物出版社, 2005年;
中国历史博物馆考古部:《浙
江省龙泉青瓷上严儿村发掘
报告》,《中国历史博物
馆刊》总第8期。

了全面调查，取得了丰硕成果。共发现古窑址 412 处，其中龙泉市 342 处、云和县 18 处、庆元县 39 处、丽水市 24 处、缙云县 18 处、遂昌县 2 处、松阳县 4 处、青田县 3 处、景宁县 2 处。[3]

2. 龙泉住龙镇潘床口窑址

龙泉市博物馆工作人员在对龙泉县西北部住龙镇调查时，于龙星村发现一处龙泉窑窑址，定名为潘床口窑址。范围约 600 平方米。时代为明代。[4]

3. 龙泉查田镇石隆村窑址调查

龙泉市博物馆工作人员在对查田镇石隆村进行调查时，发现龙泉窑窑址 9 处，时代跨度较大，从北宋末期到明代。[5]

4. 缙云大溪滩窑址群调查

浙江省文物考古研究所与缙云县文物管理委员会联合对大溪滩窑址群进行了为期 2 个月的地面专题调查，在大溪滩行政村西南面小山坡上约 1 平方公里的范围内发现窑床 17 条。从采集的标本来看，时代为南宋至元。以烧制青瓷为主，也有少量黑釉瓷。[6]

四　2006~2007 年对大窑枫洞岩窑址的考古发掘

为了分步解决龙泉窑存在的一系列问题，2006 年 9 月~2007 年 1 月，以探讨文献提到的"凡烧造供用器皿等物……行移饶、处等府烧造"这个明代处州官器问题为目的，浙江省文物考古研究所、北京大学考古文博学院和龙泉青瓷博物馆联合对大窑枫洞岩窑址进行了发掘。出土物中包括大量与故宫旧藏造型和纹饰相同或相似的具有"官器"特征的器物，确认了龙泉窑在明代早期烧造宫廷用瓷的历史事实。此外，因为此次发掘出土了丰富的明代早期遗物和有明确纪年的堆积层，所以对龙泉

［3］王国平：《丽水地区龙泉窑遗址概述》，《东方博物》第三辑。

［4］尹福生：《龙泉明代潘床口窑址的调查》，《东方博物》第二十六辑。

［5］尹福生：《龙泉窑石隆窑址调查》，《杭州文博》2008年第 1 期。

［6］黄彩红、陈福亮：《缙云大溪滩窑址群地面调查简报》，《东方博物》第三十三辑。

大窑岙底

大窑岙底

北京大学考古文博学院权奎山
教授调查大窑龙泉窑窑址

窑明代早、中期的分期有了崭新的认识,并基本解决了元、明龙泉窑青瓷的分期和技术发展等问题。[7]

五 2010~2012 年对龙泉黑胎青瓷的调查与发掘

2010 年,我们开始着眼于龙泉黑胎青瓷问题。黑胎青瓷历来是龙泉窑中引人注目的产品,其小巧雅致的器形、规整的造型、接近南宋官窑的胎釉特点、多仿古礼器的意趣等,无一不昭示着她的与众不同,表明其受众也当是特殊人群。对这类产品的性质,出现了官窑说、仿官说、哥弟窑说等争论,对其年代也没有一个明确的说法和相对权威的结论。也就是说,文献记载语焉不详,以往的调查和发掘又未能提供足够的新材料,人们只能从宫廷收藏品和零星出土的器物来推断这类产品的功用等,所以对此类窑址的调查和发掘一直备受学界关注。人们期望通过发掘能够找到比较明确的地层和窑炉、作坊等遗迹,从而对这类黑胎青瓷的产生和生产情况得出较为全面的认识,进一步了解这类产品所面向人群——宫廷和士大夫阶层的审美取向,探索龙泉黑胎青瓷生产窑区的生产性质以及宋代龙泉窑与宫廷之间的关系,进而研究其与哥窑以及南宋官窑之间的关系,丰富对宋元时期龙泉窑生产总体情况的认识。对瓦窑垟窑址的发掘即是基于上述认识而进行的一项重要工作。

迄今为止,与宋代黑胎青瓷相关的瓷窑址考古成果主要有三项:龙泉生产黑胎产品的窑址、杭州乌龟山窑址、杭州老虎洞窑址。此外,在慈溪古银锭湖的低岭头类型产品中也有少量的黑胎产品。杭州乌龟山窑址一般公认为南宋郊坛下官窑,与哥窑关系不大,此处略而不谈,本文主要讨论另外两处窑址。

第二节 20 世纪龙泉黑胎青瓷的考古发现

龙泉黑胎青瓷在窑址中的最早发现,可以追溯到民

[7] 沈岳明:《中国青瓷史上的最后一个亮点——大窑枫洞岩明代龙泉窑址考古新发现》,《紫禁城》2007 年第 5 期;浙江省文物考古研究所、北京大学考古文博学院、龙泉青瓷博物馆:《龙泉大窑枫洞岩窑址出土瓷器》,文物出版社,2009 年;浙江省文物考古研究所、北京大学考古文博学院、龙泉青瓷博物馆:《龙泉大窑枫洞岩窑址》,文物出版社,2016 年。

国时期徐渊若《哥窑与弟窑》中的记载："溪口墩头方面之哥窑，过去无人注意。至民二十八年十月间，有江西客商章九堤、王少泉等前来采购，始认真开掘。遂知有铁骨、铁沙底、铜边、铁足等区别。据邑人吴文苑氏谈：溪口之旧窑址，上层均系普通之龙泉窑，三十年秋，更发掘而下，始发现现时之薄胎铁骨云。"[8]

此外，陈万里先生在1949年以前七下龙泉，他在《中国青瓷史略》中也提到黑胎青瓷的发现："碎片以及整件遗物的发现，是在抗战期间（公元一九三九年前后），地点在龙泉大窑的坳底以及溪口乡的墩头两处。碎片约在两丈左右的深土里，黑胎骨，大抵很薄，墩头的更胜于坳底，因此以往认为有断纹的东西是笨重的，实际上并不如此。"这些龙泉黑胎青瓷"已往文献未经记载，这是最近十余年来的新发现"。[9]

这些出土的龙泉黑胎青瓷，当时都被认作哥窑的产品。

龙泉黑胎青瓷发现于民国时期，而正式的考古工作主要集中在20世纪五六十年代。为了恢复龙泉青瓷的烧造工艺，1959年末至1960年初，朱伯谦等先生对龙泉窑的核心地区大窑、溪口、金村等地进行了调查及小规模的试掘，其中在大窑、溪口两地确认了5处烧造黑胎青瓷的窑址。

从考古报告公布的资料来看，当时发现的大窑的四个地点分别为叶坞底（12号窑）、亭后（36号窑）、山头垟（50号窑）和杉树连（31号窑）[10]。在杉树连Y2、Y3、Y4三条窑中，Y2最晚，它以烧造白胎青瓷为主，兼烧少量的黑胎青瓷。溪口发现瓦窑垟一个地点[11]，主要以黑胎青瓷为主。大窑、溪口两地黑胎青瓷产品主要有贯耳瓶、花口瓶（亦称白菜瓶）、瓠式瓶（瓠）、鬲式炉、鼎式炉、豆形灯、五管灯、笔筒、笔洗、尊、碗、盘、把杯、八角杯、六角杯、扁壶等，既有陈设、文具用瓷，也有日用的饮食器具（也有可能是祭礼器）等。这类瓷器造型优雅，制作精细，坯体比历代龙泉青瓷都薄，胎

[8] 徐渊若：《哥窑与弟窑》，百通（香港）出版社，2001年。

[9] 陈万里：《中国青瓷史略》，上海人民出版社，1956年。文中所提到的"坳底"即现在的岙底，位于大窑村北；"墩头"村现改名为下墩村，位于溪口东北，"墩头"所出黑胎青瓷即瓦窑垟出土。

[10] 朱伯谦、王士伦：《浙江省龙泉青瓷窑址调查发掘的主要收获》，《文物》1963年第1期；朱伯谦：《龙泉大窑古瓷窑遗址发掘报告》，《龙泉青瓷研究》，文物出版社，1989年。

[11] 金祖明：《龙泉溪口青瓷窑址调查纪略》，《考古》1962年第10期。

上严儿窑址出土器物

质细密坚实，多数灰黑如铁，少数呈黄色或砖红色。青釉多数精光显露，透明性强；只有粉青色釉，色泽柔和，没有浮光，釉层厚度常常超过胎壁，通常都上三四道釉。釉色以青色为主，有的似碧波，有的如翠玉。此外尚有米黄、紫红和乌金等色，胎色越深，釉色也随之加深。釉中普遍有开片，疏密不同，通常釉层较薄的口沿和转折处以及黄色釉中裂纹细密，釉色清澈，釉层丰厚处开片较少。器物的口沿多数呈老黄色，形成这种颜色的原因是施釉和烧成时，器口上仰，釉汁下流，致使釉层变薄，在胎色的衬托下，呈现焦黄与奶白相杂的黄色。这种老黄色，在器物的转折处和凸起的棱脊上也常可见到。此外，有盖的器皿如盖碗、盖钵、盖罐、盒和壶，以及两件叠烧的器皿如杯、盏等的口沿都露紫胎，通称紫口。薄胎厚釉，紫口铁足，釉层有开片，是黑胎青瓷的特征。根据地层叠压关系及纪年墓资料来看，这类青瓷应出现在南宋宁宗执政的前后，不会更早。[12]

1979 年，中国历史博物馆考古部在紧水滩水库上严儿村窑址进行了发掘，出土南宋晚期至元代的龙泉青瓷，其中有一件被认为类似传世哥窑的元代敞口盘，厚胎、黑褐色片纹、青灰色釉、圈足足壁较厚、外底无釉，但没有注明胎色。[13]在发掘报告中说是"造型和时代风格与上海博物馆所收藏的宋代哥窑葵口碗相似"的灰白胎葵口碗。[14]

之后在溪口骷髅湾和李家山两窑址也发现了黑胎青瓷产品。[15]这样，龙泉发现烧造黑胎青瓷的窑址增加到了 7 处。

根据发掘所获资料，朱先生认为，"相传章生一在龙泉琉田主一窑，所产瓷器为黑胎、紫口铁足、青色釉，有开片。这些特征与大窑、溪口窑址中出土的黑胎青瓷相吻合，黑胎青瓷应当是哥窑的产品无疑"[16]。后来冯先铭先生对哥窑一说提出质疑，并提出仿官说法，朱先生亦改变了其原先的观点并转而支持冯先生，此后这

[12] 朱伯谦：《龙泉青瓷简史》，《龙泉青瓷研究》，文物出版社，1989 年。
[13] 朱伯谦：《龙泉窑青瓷》，艺术家出版社（台北），1998 年。
[14] 中国历史博物馆考古部：《浙江龙泉青瓷上严儿村窑址发掘报告》，《中国历史博物馆馆刊》总第 8 期，原文图 13、图 12-1。
[15] 《龙泉青瓷简史》。
[16] 朱伯谦、王士伦：《浙江省龙泉青瓷窑址调查发掘的主要收获》，《文物》1963 年第 1 期。

一说法被较广泛的接受而几乎成为定论。其实，从朱先生文中描述的有盖的"器皿如盖碗、盖钵、盖罐、盒和壶，……等的口沿，都露紫胎"来看，不能称之为紫口，因为这些产品都是口沿刮釉，并不是因为器物唇部较尖、高温下釉往下流淌形成的紫口，其性质应与铁足相当。但上面所提及的这几处窑场中，确实出土了一批紫口铁足的标本。而把黑胎青瓷出现的年代定为"在南宋宁宗执政的前后，不会更早"的结论，似乎有商榷的余地。也还因为这一观点，龙泉黑胎青瓷的年代被框定为南宋中晚期，这可能与仿官说的流行也有关系。

笔者曾对龙泉黑胎青瓷和杭州南宋郊坛下官窑进行过比较研究，认为两者无论是窑炉结构、制瓷工艺、烧造方法，还是产品的胎、釉、器形等方面，均基本一致。但郊坛下瓷器的烧造工艺，至少其窑炉砌建技术有可能来自龙泉，或者带有龙泉元素（这些因素包括曲尺形的窑门、前缓后陡的窑床结构等）。因此"是否可以认为在郊坛下官窑烧造以前，龙泉就已经烧造被公认为瓷器烧造中最高水平的粉青瓷器了，那么把龙泉烧成的黑胎青釉瓷器定性为仿官产品（这个仿官当然指的是仿南宋官窑，因为北宋官窑的真面目至今未清），我们是否有重新审视的必要呢？龙泉黑胎青瓷又是什么性质的呢"[17]？也就是说，龙泉黑胎青瓷存在着早于南宋郊坛下官窑的可能性，而这是对龙泉黑胎青瓷仿官说法的间接否认。

其实龙泉生产黑胎青瓷的窑址远不止以上提及的几处，除溪口、大窑地区外，近年又在小梅镇发现了几乎纯烧黑胎产品的瓦窑路窑址，这是一个全新的地点。龙泉黑胎青瓷生产的中心地区当在大窑，从省市文物干部持续多年的调查以及最近几年的考古工作情况来看，其分布范围几乎涉及整个大窑地区。另外，在龙泉的东区以及石隆一带，也有窑场生产黑胎青瓷产品。产品面貌除朱先生看到的薄胎厚釉类精细器物外，亦有薄胎薄釉、厚胎薄釉、厚胎厚釉等类型，胎色从灰到灰黑千差万别，

大窑大湾窑址出土的元代黑胎青瓷

[17] 沈岳明：《"官窑"三题》，《故宫博物院院刊》2010年第5期。

釉色亦复杂多样，时代也不仅限于南宋晚期。黑胎青瓷很有可能在龙泉地区有一个发生、发展、成熟与衰落的独立发展过程。

第三节　杭州老虎洞窑址

老虎洞窑址位于杭州市上城区凤凰山与九华山之间狭长的溪沟中，南距南宋皇城城墙不足百米，距南宋郊坛下官窑约 2.5 千米。1996 年因盗挖而被发现，同年至 2001 年进行了多次的调查与发掘。发现主要属于两个时期的地层堆积：南宋层与元代层。

南宋层发现了大量的瓷片及窑具，瓷片不仅量多而且器形丰富，烧制质量好。其中仅属于南宋早期的 H3 即出土有一万余件瓷器碎片，完整或可复原器物达 400 多件、20 余种器形。瓷器以厚胎薄釉、厚胎厚釉为主，薄胎厚釉少见；胎的颜色有香灰色、深灰色、紫色、黑色等；釉色以粉青、米黄色为正烧品主流，另外还见翠绿、灰青和浅紫色釉等；大部分瓷片釉面有裂纹；部分器物紫口铁足现象明显。制作工艺以轮制为主，个别手制或模制。出土量较大的器形有碗、盘、杯、罐、碟、壶、洗等日常生活用器，另有觚、琮式瓶、香炉、熏炉、器座、筷子架、花盆、灯盏等。所发现带圈足器物的圈足均外撇，少量器物圈足的底部有"戊"字。窑具有支烧具、垫烧具和大量的匣钵碎片，个别支烧具上有"戊记"两字。南宋晚期层出土的器物以厚胎厚釉为主，礼器减少，以日用器为主，胎色更深。

元代层出土了大量的瓷片和窑具，瓷片大都为厚胎薄釉和厚胎厚釉。以灰胎为主，黑胎次之，有少量的灰红胎。从釉色上看分两大类：一类口沿部分为青色釉，口沿以下为青灰釉，灰中泛黄或通体施灰色釉，玻璃质感较强；另一类为粉青色釉，玉质感强。器形有碗、瓶、盘、盆、洗、鸟食罐、象棋子等，其中一碗底釉下用褐彩写"官窑"二字。从整体上看，元代瓷片质量较差，制作不及南宋时期精细。窑具有匣钵、支烧具和垫烧具等，支烧具上发现有模印文字和动物图案等，文字有八思巴文及"大吉""元"等字样，动物图案有虎、鹿的形象。

发掘者认为老虎洞南宋层窑址为叶真《坦斋笔衡》所记的"内窑"，即人们通常所认为的修内司窑；元代层窑址是困扰陶瓷界、考古界多年的"哥窑"（或叫"哥哥洞窑""哥哥窑"）。也就是说，发掘者认为哥窑是南宋灭亡以后郊坛下官窑窑工仿烧南宋内窑（修内司窑）的窑，烧造年代为元代。[18]

老虎洞窑址发现后受到了国内外学者的广泛关注，其成果主要体现于《南宋官窑文集》与《南宋官窑与哥窑》两论文集中[19]。其中南宋层堆积属于修内司窑、元代层堆积属于传世哥窑的论断，得到了许多学者的认可。

老虎洞窑址元代地层出土的器物中，有一件窑具上有可能是"张"或"章"字的八思巴文，王光尧认为，"元朝建立后即因宋修内司窑旧地设官府窑场继续烧造，至元代后期由于章生一被括为官匠主烧于此，该窑场又有了哥窑的新名，元代设在杭州老虎洞的官府窑场正是传世哥窑瓷器的产地"[20]。也就是说哥窑还是与章氏紧密联系的。不过明清两代的文献中有关哥窑与章氏的记载基本上是围绕着龙泉展开的，我们不能一方面承认文献中哥窑窑场主是章氏的记载，同时又否认章氏是在龙泉烧造的哥窑。

而如果章氏真是因扩籍来到杭州，并将在宋代老虎洞窑址烧造的元代窑场称为哥窑，则哥窑的称呼还是章氏所带来的。这也就意味着龙泉烧造的黑胎青瓷就是哥窑，而老虎洞窑址烧造的产品是传世哥窑，非元代哥窑。

此外，从目前公布的资料来看，老虎洞窑址元代地层出土的器物并不能涵盖传世哥窑的所有器形，即使老虎洞窑址是传世哥窑窑场所在地，是否意味着除老虎洞元代窑址之外，还有其他的传世哥窑窑场存在呢？传世哥窑中有

[18] 杜正贤、马东风：《杭州凤凰山老虎洞窑址考古取得重大成果》，《南方文物》2000年第4期；杭州市文物考古所：《杭州老虎洞南宋官窑址》，《文物》2002年第10期。

[19] 南宋官窑博物馆：《南宋官窑文集》，文物出版社，2004年；北京大学中国考古学研究中心、杭州市园林文物局：《南宋官窑与哥窑》，浙江大学出版社，2004年。

[20] 王光尧：《杭州老虎洞瓷窑遗址对研究官、哥窑的启示》，《故宫博物院院刊》2002年第5期。

没有宋代产品呢？宋代哥窑又是哪里生产的呢？

在最近的考古工作中，已有确凿的证据表明龙泉地区在元代仍在烧造黑胎青瓷，另外还发现了生产类似于传世哥窑产品的窑址，所以龙泉至少也是生产传世哥窑器物的重要窑场之一，这是我们今后几年考古工作中所应关注的重点内容。

5

哥窑的新发现

第一节　瓦窑垟窑址的发掘

说到龙泉黑胎青瓷，人们马上会想到瓦窑垟窑址，而在讨论龙泉黑胎青瓷或者哥窑时，也都把瓦窑垟窑址作为典型的窑址来对待。

瓦窑垟窑址位于龙泉市查田镇溪口村瓦窑垟。溪口村距龙泉市区约 29 千米，村西北的八宝山海拔 1200 米，浙江 S54 省道从村中穿过，瓯江上游的龙泉溪流经村北，水陆交通便利。窑址分布在村北约 1.5 千米的谷下坑至上墩（墩头）村西北一带，海拔 275~335 米。山势整体较低缓，东南较为陡峭。在狭长的山谷地带，南窑溪自西而来，流经上墩村，再经瓦窑垟、夫人殿塆流入瓯江上游的龙泉溪，故名"溪口"。

经过历年来的多次调查，该窑址明确为宋元时期，大量生产黑胎青瓷，器物器形较小，但制作十分规整精致，多仿古礼器造型。这处遗址早在 20 世纪 30 年代就遭到过大规模的翻掘，近年来的盗掘活动有更猖獗的趋势，虽然文物部门已采取了多种手段，但位于荒野之中的窑址仍难以得到全面有效的保护。

1956 年，浙江省文物部门对瓦窑垟窑址进行过小规模发掘，并发表《浙江省龙泉青瓷窑址调查发掘的主要收获》一文[1]。文中称，龙泉宋元窑场发掘的大批瓷片可分为白胎青瓷和黑胎青瓷两大类。黑胎青瓷量少，大

[1] 朱伯谦、王士伦：《浙江省龙泉青瓷窑址调查发掘的主要收获》，《文物》1963 年第 1 期。

溪口瓦窑垟窑址

多与白胎青瓷混烧，这些黑胎青瓷的器物特征同文献记载的章生一主烧的瓷器所具备的特征相吻合。作者认为，考古发掘的实物资料有力地证明了明代大多数文献的记载是与事实基本相符的，自明代以来多处文献述及龙泉窑"章生一和章生二各主其窑"的记载是有事实依据的，"黑胎青瓷应当是哥窑的产品无疑"。

1964年，故宫博物院为了进一步研究宫廷旧藏的宋代哥窑器，向上海硅酸盐研究所提供"哥窑"实物标本与调查发掘所得的黑胎青瓷标本一同进行化验和比较研究。该标本为一件米黄色釉碗的残底，测定结果表明，"其胎釉的化学成分、纹片的颜色以及底足切削形式等都与龙泉窑址出土的黑胎青瓷不同，比较说来，传世'宋哥窑'在好多方面都和景德镇的同类型作品比较接近"。而龙泉黑胎青瓷与文献记载的哥窑瓷器特征完全吻合。[2]

这一检测结果发表后，在国内外陶瓷界引起很大震动，以至于各大博物馆纷纷将原来所藏之哥窑改名为"传世哥窑"。此后研究者多以此为据论述哥窑，因而出现了一些新的问题，诸如"元代说""明代说"再起，致使宋哥窑传世品的历史价值和经济价值有所降低，并导致新的认识混乱。此外，根据检测结果所指在江西省景德镇一带寻踪觅迹，却始终未见类似的宋、元之器；而

[2] 周仁、张福康：《关于传世宋哥窑烧造地点的初步研究》，《文物》1964年第6期。

按《格古要论》所提碎器窑同于哥窑的开片、《陶说》关于江西省吉州窑烧碎器之说去顺藤摸瓜亦无所获，从此哥窑就成了一桩悬案。

让我们把视线转回到此次化验测定上，故宫博物院提供的化验标本，早年为"天和斋郭静安先生的挚友孙华峰之物，1942 年由孙瀛洲老师购得收藏，1956 年捐献给故宫。因其与故宫旧藏'哥窑'器相近，故经院领导批准，将此碗底割裂一半，作为化验标本"[3]。

这里存在着几个问题。首先是标本的来源问题，也就是说送检的标本是不是属于哥窑。耿宝昌先生已经明确回答此标本是从市场上买来的，是被孙瀛洲等认作是哥窑的，其是否能作为真正哥窑的标本，尚待商榷。其次，该标本是被先生们认作为传世哥窑的标本，而传世哥窑不等同于哥窑，这也是已经明确了的，所以其能否作为哥窑的标本来做比较测定也是存有疑问的。第三，送检的标本仅为一个，限于各种因素，其偶然性比较大。近年故宫博物院把当年中科院上海硅酸盐研究所用于测定余下的半块所谓"哥窑"瓷片又重新做了测定，其测定数据似乎与浙江的标本更接近。所以科技测试也受到各种因素制约，也有它的局限性。

此外，对同样的测试数据，各人解读也并不一致。如张福康、郭演仪都提出了哥窑瓷器是北方产品的观点。张福康根据传世哥窑的胎釉成分，对各地制瓷原料进行模拟配方计算，得出用浙江地区原料无法得到传世哥窑配方的结论，并据此提出两种设想：其一，传世哥窑是北宋官窑产品，宋室南迁时带来南方；其二，如果传世哥窑在浙江烧造，那么所用原料来自北方汝窑、临汝窑一带。郭演仪则根据传世哥窑瓷胎"高铝高钛"的特征和釉中钙含量偏低、钾和钠含量偏高的情况，初步判断传世哥窑瓷器在河南地区与北宋官窑瓷器一起烧造的可能性最大。[4]

同样的数据尚能得出不一样的结论，那么通过一例

[3] 耿宝昌：《宋代哥窑辨析——兼论历代仿哥窑》，《故宫博物院院刊》1995 年第 10 期。
[4] 陈克伦：《关于哥窑瓷器的讨论》，《文物》1994 年第 3 期。

数据就判断哥窑不是龙泉烧造的结论也应有商榷的余地。以此测定结果来否定传世哥窑在龙泉、进而否定哥窑在龙泉的论点，使本来比较清晰的哥窑，变成了五大名窑中最不清楚的一个，成为千古之谜。我们应该看到，虽然科技测试数据是客观的、科学的，但结论是人判断的，不可避免有主观因素。

考古工作者与科技工作者之初衷在于确定龙泉黑胎青瓷与哥窑的关系，然而非但没能解决这一问题，还造成了"传世哥窑"与"正统哥窑"之分，当然其积极意义则是推动了哥窑研究的深入开展。

2010 年下半年到 2011 年 9 月，经国家文物局批准，浙江省文物考古研究所联合北京大学考古文博学院、龙泉青瓷博物馆对瓦窑垟窑址再次进行了发掘。虽然遗址经过了半个多世纪的扰乱，但还是寻找到了一些珍贵的信息。发掘共揭露两处窑炉遗迹 Y1 和 Y2，均为斜坡式龙窑，两者相距约 60 米。其中 Y2 存在 4 条窑炉的叠压打破关系。

Y1 斜长 40.8 米，头尾高差 9.9 米，坡度 18°~21°，方向 126°，窑室宽度为 1.9~2.1 米，窑壁残存最高 0.54 米。残留有局部火膛、窑室、部分窑门，火膛口、火膛后壁及窑尾排烟室均已无存。窑门有迹象可寻的共 6 处，其中南壁 4 处、北壁 2 处。该窑前段残留窑壁多为砖砌，后段残留窑壁多为匣钵砌成，应是在使用过程中存在翻修或改建的情况。Y1 所在窑场出土的青瓷残片多数为灰白胎，黑胎仅少数。灰白胎青瓷可见器物类型有碗、盘、盏、碟、洗、盒、瓶、炉、执壶、器盖、鸟食罐、管形器、尊、觚、碾钵等，碗有莲瓣纹碗、"S"云纹碗、"河滨遗范"碗，盘有八角折腹盘、葵口折腹盘、敞口小盘、凹折沿盘，盏有敞口盏、莲瓣纹盏，瓶有琮式瓶、白菜瓶、贯耳瓶、双耳瓶、五管瓶等，炉有鬲式炉、樽式炉，器盖有盒盖、壶盖、罐盖等。除碗和琮式瓶胎体较厚外（琮式瓶也有薄胎的），其他器形均胎体较薄、造型小巧，

溪口瓦窑垟窑址 Y2 龙窑窑炉

圈足器足壁较薄、足端刮釉。瓷片多数为玻璃釉，有少量的乳浊釉，釉色多样，有浅绿色、粉青色、米黄色等。黑胎青瓷瓷片可见器形有盘、盏和白菜瓶。出土的窑具有匣钵和支垫具，匣钵有平底匣钵和凹底匣钵，有些匣钵残片上刻有字符，有"天""青""千""三""万"等；支垫具有泥质和瓷质之分，泥质多为饼形、圆锥形，瓷质有圆饼形、椭圆形、圆形带支钉、圈形、钵形等。Y1 为南宋时龙窑。

Y2 斜长 33.6 米，坡度 19°~22°，方向 118°，窑室宽度为 1.8~1.95 米，窑壁残存最高 0.66 米。残留有局部火膛、窑室、部分窑门，火门、窑前操作面、火膛后壁已无存。火膛平面呈椭圆形，南北宽 1.28 米，东西宽 0.66 米，残高 0.54 米，火膛南壁用砖错缝平砌，残存 9 层。窑门有迹象可寻的共 6 处，均开于南壁，窑门通道应为曲尺形，窑门外侧用砖和卵石垒砌，其中一处窑门通道外有卵石铺成的道路遗迹。窑尾排烟室前有挡火墙，用砖垒砌成砖堆相隔形成，共有 7 个烟道，残留 5 个，烟道宽 0.1~0.13 米。排烟室进深 0.14~0.18 米，后壁用匣钵垒成，残高 0.18~0.6 米。窑室中段窑壁和窑床都已被毁，残存两侧窑壁都为砖砌，未见匣钵修补现象。

Y2 所在窑场时代为南宋和元代。南宋时期的青瓷类型与 Y1 相差不大，多数为灰白胎，黑胎残片较 Y1 为多，有较多的瓷片胎色呈灰色，甚至是深灰色、灰黑色。可见器物类型中，灰白胎类青瓷和出土窑具与 Y1 基本相同；灰黑胎类青瓷器形有圆口盏、八角盘、菱口盘、把杯、白菜瓶、鬲式炉、樽式炉、尊、觚、簋等。元代的青瓷类型中，有菊瓣盏、圆口盏等，器胎较厚，圈足器的圈足足壁也较厚，其他还有内底贴梅花的盏、高足杯、葫芦瓶、吉字瓶、小口罐等。

Y2 是由四条有叠压打破关系的窑炉组成，最上部的 Y2 是在打破窑炉 Y5 的基础上修建而成。Y5 窑炉遗迹内出土黑胎瓷盘 1 件、器盖 1 件。

溪口瓦窑垟窑址 Y2 龙窑窑炉叠压打破情况

溪口瓦窑垟窑址窑炉局部叠压打破关系

溪口瓦窑垟窑址出土黑胎青瓷标本

溪口瓦窑垟窑址出土黑胎青瓷标本

溪口瓦窑垟窑址出土支钉

溪口瓦窑垟窑址出土垫饼

尽管瓦窑垟窑址自民国以来遭受过多次大规模的盗挖，原始堆积几乎破坏殆尽，但局部遗留之原始地层——Y5 窑炉遗迹内出土的两件黑胎器物，为我们确立龙泉黑胎青瓷的烧造年代提供了极其珍贵的资料。因为 Y5 是瓦窑垟窑址中年代最早的窑炉，在整个瓦窑垟窑址仅存的原始地层中属于最早的地层，虽然仅有两件器物，但这两件器物均为黑胎，据此我们认为瓦窑垟窑址在建窑初期可能即已烧造黑胎青瓷。

尽管瓦窑垟窑址已经不可能提供完整的原始地层和有纪年的直接材料来确定其黑胎青瓷的生产年代，在龙泉窑本身的发展脉络中也找不到它的发展规律，无法靠其本身来确定年代，但我们可以从与之共出的其他白胎产品来推断黑胎青瓷产品的生产时间，其中非常重要的器物是出筋之"河滨遗范"碗。

在瓦窑垟窑址中与黑胎青瓷共出的有"河滨遗范"碗，尽管出土时因早期的人为扰乱已没有明确的地层依据来证明两者的时代早晚关系，但如上所述，瓦窑垟窑址可能从一开始就烧造黑胎产品，那么与黑胎青瓷共出之"河滨遗范"碗应该不会早于黑胎青瓷的生产时间，只要确定了"河滨遗范"碗的生产年代，就可以大致推断黑胎青瓷开始生产的时间下限。

那么"河滨遗范"碗又是生产于何时呢？从现有资料看，"河滨遗范"碗有不少的出土，但真正有纪年的仅有安徽省博物馆收藏的龙泉窑"元美宅立"碗，此碗1955年出土于安徽，内底模印"河滨遗范"铭文，外底墨书"庚戌年元美宅立"。此器物出土时，学者们将其年代推断为1130年，此后不知出于何故，又将其改断为1190年。随着出土材料的日渐丰富，我们认为将此"河滨遗范"碗之"庚戌年"判为1130年比较符合客观事实。此器物葵口、花口下有白色的出筋，碗底印有图章式之"河滨遗范"。而花口下白色出筋这种风格的龙泉窑瓷器，在绍兴新昌绍兴二十九年（1159年）墓中即有出土，在松阳之"辛未"（1091年）纪年墓中也有出土。另外，这种出筋装饰风格在北方耀州窑、临汝窑等宋代窑场中较为流行。各方面综合分析，此类出筋装饰风格应流行于北宋晚期，延续到南宋初年，此后基本不见，故安徽出土"河滨遗范"碗之"庚戌年"判为1130年更为合适。

既然出筋之"河滨遗范"碗主要流行于北宋晚期至南宋初年，那么与其同出之黑胎青瓷显然不会晚于南宋早期，至少不会晚至孝宗以后。

热释光年代测定也支持了这一结论。我们请上海博物馆对从溪口瓦窑垟和小梅瓦窑路出土的标本进行热释光年代测定，其结果如表5-1。

从表5-1可以看到，除了4、5、6三个数据出入比较大，其他的数据均落入公元1121~1171年，大致在南宋绍兴年间。此外，在1982年中国古陶瓷科学技术国际研讨会上，英国牛津大学的学者对大窑黑胎瓷片的热释光年代测定为距今852年，相当于公元1130年，与上海博物馆测定的数据基本一致。而这一科学测定的数据，与我们先前的考古判断也是一致的。

绍兴新昌绍兴二十九年墓出土
龙泉窑碗

表 5-1 热释光年代测定数据表

序号	标本	测定结果
1	SBC2032 龙泉溪口窑白胎瓷片 1	宋代（距今 890±180 年）
2	SBC2033 龙泉溪口窑白胎瓷片 2	宋代（距今 885±170 年）
3	SBC2034 龙泉溪口窑白胎瓷片 3	宋代（距今 880±180 年）
4	SBC2044 龙泉溪口窑白胎瓷片 4	宋代（距今 970±200 年）
5	SBC2045 龙泉溪口窑白胎瓷片 5	宋代（距今 760±150 年）
6	SBC2035 龙泉溪口窑黑胎瓷片 1	宋代（距今 805±160 年）
7	SBC2036 龙泉溪口窑黑胎瓷片 2	宋代（距今 860±170 年）
8	SBC2037 龙泉溪口窑黑胎瓷片 3	宋代（距今 840±160 年）
9	SBC2025 龙泉小梅窑瓷片 xm1	宋代（距今 880±180 年）
10	SBC2026 龙泉小梅窑瓷片 xm2	宋代（距今 850±170 年）
11	SBC2027 龙泉小梅窑瓷片 xm3	宋代（距今 890±180 年）

注：测试时间为 2011 年。

在发掘瓦窑垟窑址的同时，我们还一并对龙泉溪口一片的窑址进行了详细的专题调查，并没有发现大量烧造黑胎青瓷。经调查，溪口至墩头一片登记有窑址 12 处，其中大磨涧边、枫树湾口两处遗址已基本被毁坏，瓦窑垟、傀儡堨、夫人殿堨、谷下坑实际各有 2 处窑址，金罐地点有少量遗存但未找到窑业堆积和窑炉等遗迹。以上遗存中，仅在瓦窑垟的两处遗址和大磨涧边发现有黑胎青瓷残片（两个地点隔窑溪相望）；其余各处窑址除谷下坑一处窑址有南宋早期白胎青瓷出土外，基本上都是元代遗存，各窑址出土器物器形大致相同，元代遗存中没有发现黑胎青瓷。

第二节 小梅瓦窑路窑址的新发现

除了生产龙泉黑胎青瓷的典型窑址溪口瓦窑垟窑址，我们在小梅镇瓦窑路窑址也发现了黑胎类产品。

2011 年国庆节期间小梅瓦窑路窑址的局部发掘，为

小梅镇中心小学

龙泉窑黑胎青瓷的研究提供了新的考古资料。在一个 3 米 ×2.5 米、深仅 0.4 米的探方中，出土了 200 余件可复原的黑胎青釉瓷器，并且有较多的匣钵、支垫具、窑塞、火照等出土。

这些瓷器的胎壁很薄，釉质多玻化，釉层不厚，而且开有细碎片纹，片纹纹地多呈灰黄色或灰白色条纹状，和我们常见的开片青瓷风格相差较大。器形十分丰富，在这 200 余件器物中就有 14 类 20 多种器形，有"河滨遗范"葵口碗、八角碗、菱口盏、盖杯、把杯、多角折腹盘、菱口折腹盘、葵口碟、折沿洗、盖罐、鸟食罐、胆瓶、纸槌瓶、盘口瓶、鬲式炉、带盖粉盒、觚、尊等。未发现同类器形风格的白胎青瓷。

因此，我们初步判定该窑址为迄今为止发现的首例纯烧黑胎青瓷产品的窑址，产品年代在南宋早期。在出土器物中还发现了 2 件粉青釉不开片的黑胎瓷器。

而 2012 年对该窑址龙窑的发掘，又有了新的考古发现。窑炉遗迹为斜坡式龙窑结构，残长 10.6 米，宽 1.58~1.72 米，方向 252°，窑床坡度 12°。遗迹残留火膛和一段窑床，以及火膛前残留的操作间。窑壁未发现大规模修整的迹象。在龙窑窑炉底部发现了少量粉青釉不开片的黑胎青瓷，可辨器类仅有 8 种，即莲瓣纹碗、盏（含八角盏、

瓦窑路窑址龙窑窑炉

菱口盏）、盘（含八角折沿盘、敞口莲瓣纹盘）、洗、罐盖、鸟食罐、瓶和樽式炉。多数为圈足器，都在足端刮釉，无釉处烧成铁色。大圈足器使用瓷质垫饼，小圈足器使用泥质垫饼，匣钵有平底匣钵和凹底匣钵。而上述 2011 年探方中大量出土的开片黑胎青瓷此次未见，除莲瓣纹碗和敞口莲瓣纹盘是之前探方中未见的器形，其他器类和探方出土的同类器器形相同。初步判断两类黑胎青瓷的相对年代，应是先有开片黑胎青瓷，而后才有粉青釉不开片黑胎青瓷。但这样的时间差别不是很久，从考古学上看应该可以分为同一期。

囿于材料，以前认为龙泉窑黑胎青瓷以瓦窑垟窑址最为典型。而此次调查发现，作为黑胎青瓷的典型窑区溪口片，仅有 3 处窑址出土了黑胎青瓷瓷片（瓦窑垟 2 处，大磨洞边 1 处），而其他窑址基本为元代窑场，且均未出土黑胎青瓷。小梅瓦窑路窑址黑胎青瓷产品的发现可算作此次调查的意外收获，不仅增加了一处生产黑胎青瓷的窑址，也让我们不得不重新思考龙泉黑胎青瓷生产中心的问题。

从总体上看，瓦窑路窑址与瓦窑垟窑址生产的产品应该是比较接近的，年代上也应属于同一时期，但两个窑址之间，特别是黑胎青瓷产品之间还是有一些区别。

瓦窑路窑址龙窑窑炉

瓦窑路窑址出土青瓷胎色

瓦窑路窑址出土青瓷釉色

瓦窑路窑址出土"河滨遗范"
款碗

瓦窑路窑址出土器物标本

瓦窑路窑址出土器物标本

瓦窑路窑址出土窑具
与装烧标本

器形：瓦窑路窑址未发现白菜瓶、洗形的把杯、多棱的鬲式炉、琮式瓶及翻口的折腹盘等。瓦窑垟窑址器形更为丰富些。"河滨遗范"碗两处地点都有出土，但瓦窑路窑址出土的没有白筋，瓦窑垟窑址出土的有白筋。

胎：瓦窑路窑址出土器物的胎色有黑、浅黑、深灰、浅灰、米黄等，胎色较浅的仅见于"河滨遗范"碗。瓦窑垟窑址有白胎也有黑胎，黑胎颜色较深。

釉：瓦窑路窑址出土器物多玻璃釉，多细小开片，多薄釉。瓦窑垟窑址出土有较多的乳浊釉残片，开片相对较大，多厚釉。

窑具：瓦窑路窑址未发现支钉窑具和盏形的窑具，但有泥质垫饼。瓦窑垟窑址发现少量支钉窑具，有盏形、椭圆形窑具等，基本为瓷质垫饼。

年代：推测瓦窑路窑址出土的黑胎青瓷要早于瓦窑垟窑址出土的黑胎青瓷。

第三节 大窑黑胎青瓷窑场的新发现

作为龙泉窑生产的核心区域大窑，也有多处生产黑胎青瓷的窑场，在陈万里的调查报告和 20 世纪 50 年代末的考古工作中都有发现。经过多年的调查，我们在大窑地区共发现了 20 多处烧造黑胎青瓷的窑址。大窑不仅是白胎青瓷的烧造中心，同时也是黑胎青瓷的烧造中心。窑址主要围绕俗称"官厂"的岙底地区分布，这里是龙泉窑窑址核心中的核心。

大窑地区黑胎青瓷的面貌相当复杂，有厚胎薄釉、薄胎薄釉、厚胎厚釉、薄胎厚釉等诸多类型存在。根据 20 世纪 60 年代调查发掘资料，大窑的黑胎青瓷既有与小梅瓦窑路类型相近的，如山头埕窑址，也有与溪口瓦窑

大窑出土"河滨遗范"铭碗

垟相似的，如枫树连窑址，其中部分薄胎粉青厚釉类青瓷与南宋官窑的面貌十分接近，年代也更晚一些，相当于郊坛下官窑的年代，如学校后窑址。由于缺乏正式的发掘材料，因此目前我们对大窑地区黑胎青瓷的认识可以说是管中窥豹，看到的只是一个斑点。但从大窑地区黑胎青瓷的复杂面貌及其作为北宋晚期以来龙泉窑生产

大窑出土黑胎青瓷标本

大窑出土薄釉黑胎青瓷标本

大窑出土黑胎花口盏

大窑出土黑胎小盘口瓶

大窑出土粉青厚釉青瓷标本

大窑出土粉青厚釉青瓷标本

大窑出土粉青厚釉青瓷标本

大窑采集类传世哥窑釉高足杯

大窑 Y51 清明丘采集标本（施三层釉）

大窑地区采集各种黑胎标本

大窑、瓦窑垟、瓦窑路黑胎青瓷釉色比较（由左而右）

大窑、瓦窑垟、瓦窑路
黑胎青瓷胎色比较
（由上而下）

中心的地位来看，大窑地区不仅有一个黑胎青瓷的完整的发展过程，而且也是黑胎青瓷的生产中心。

从瓦窑路窑址、瓦窑垟窑址和大窑窑址生产的黑胎青瓷比较来看，瓦窑路窑址的似乎比大窑、溪口两地的年代要早些。瓦窑路窑址许多产品在胎釉和器形特征、装烧工艺等方面具有一定的早期性，且部分产品面貌独特，开极碎的片纹，与文献中哥窑"百圾碎"的特征一致，这应是今后研究的重点，也是解决龙泉黑胎青瓷和南宋官窑关系的关键，这可以说是 2011 年龙泉窑研究的突破性进展。对于这一成果，2011 年中国古陶瓷学会龙泉年会的与会专家给予了积极评价。不少专家认为，龙泉窑考古队的考古发掘成果以及在此基础上所做的初步研究，无疑深化了对龙泉窑一些重大问题的认识，也拓展了关于哥窑学术问题的研究视野，对这些发现和研究应给予高度重视，并期待更多的考古发现和进一步深入的研究。而文献记载的哥窑与传世哥窑应该区分对待。

大窑龙泉窑遗址标志

大窑遗址保护通告

第四节　石隆米黄色釉青瓷窑址的发现
与传世哥窑器

　　除了溪口瓦窑垟和小梅瓦窑路窑址的发掘，我们对大窑区域以外以前并不被大家所关注的石隆区域、甚至被划为主要供应下层百姓之龙泉东区窑址也进行了详细的调查，结果在这些地区均找到了不同时期的黑胎产品。这既大大丰富了我们对龙泉黑胎青瓷生产窑场的认识，也为龙泉黑胎青瓷的综合研究提供了一个很好的基础。

　　龙泉的窑场，传统上分成南区与东区两大片，以南区为核心，代表龙泉窑的最高制作水平。南区一般认为包括金村、大窑与溪口三大片，其中又以大窑为核心，不仅是白胎青瓷的烧造中心，同时也是黑胎青瓷的烧造中心。

　　从近几年的调查来看，龙泉南区还应该包括一个窑址群，即石隆窑址群。该窑址群距大窑的垟岙头片窑址群约2.5千米，其距离与大窑至金村的距离基本相当，即与金村分别处于大窑的两头。从金村经大窑至石隆有官道相连。

垟岙头村

石隆窑址群

　　石隆窑址群可能兴起于两宋之际，兴盛于南宋与元代，明代还有一定的规模，产品质量整体虽不如大窑，但仍优于龙泉东区。

　　石隆窑址群产品以白胎为主，少量窑址生产黑胎青瓷。在生产黑胎青瓷的窑址还发现了米黄色釉的产品，此类器物胎色呈土黄或深褐色，胎质较细腻；釉色以米黄为主，深浅不一，均开片纹，片纹亦大小不一；釉层极厚，许多器物断层可以看到至少三层的施釉痕迹，釉面莹润肥厚；器形主要有簋、弦纹瓶、炉、罐、碗、盘等。部分器物如簋，其器形、胎釉与上海任氏墓出土器物非常接近。生产此类米黄釉产品的窑址时代上起北宋晚期、

石隆黑胎器物标本　　　　　　　石隆粉青釉黑胎器物标本

石隆米黄釉器物标本

石隆灰胎青瓷标本

石隆米黄釉器物标本

石隆米黄釉器物标本

下至元代，但由于被严重盗掘，几乎没有原生地层，因此无法确定此类产品的确切年代，不排除为元代的可能性。

综上所述，从新发现的此类窑址产品来看，龙泉应该也是传世哥窑的重要产地之一。

第五节 龙泉东区的黑胎青瓷

龙泉东区位于龙泉县城的东边，窑址基本沿瓯江两岸布局，从梧桐口开始，往下游一直进入到云和境内，最集中的是安仁口、安福一带。整个东区窑业规模非常庞大，总共有200多处窑址，时代主要集中在元明时期，产品质量较为一般，以刻划花与印花装饰较具特色，与龙泉南区以形与釉取胜的风格有较大的差别。传统上认为这主要是为满足海外市场而开设的一处新窑场，产品相对低端。

龙泉东区黑胎青瓷窑址

龙泉东区的黑胎标本

龙泉东区的黑胎标本

龙泉东区的黑胎标本与垫饼

2013年春夏，我们对20世纪80年代紧水滩水库蓄水淹没的整个窑址群进行了系统的复查，在东区亦发现了烧造黑胎青瓷的窑址，这可以说是一个突破性的发现。

窑址保存情况不好，主体可能已被破坏，残存的堆积已近窑尾部分，地层极薄，没有发现窑炉。从地面采集的标本来看，应该是黑胎与白胎青瓷兼烧。黑胎产品器形普遍较小，主要有碗、盏、杯、觚类器物；胎体极薄，胎色较黑；青釉色较深，釉层较薄，普遍开片，玻璃质感较强。整体特征与小梅的产品十分接近。一般圈足刮釉烧造，使用匣钵，与传统的龙泉窑没有区别。垫饼包括泥质与瓷质两种，这一点亦与小梅的瓦窑路窑址相似。白胎青瓷中发现"河滨遗范"铭的碗。结合瓦窑路窑址因素，我们认为这两个窑址的时代应该接近或属同时。

第六节　龙泉黑胎青瓷与南宋官窑的关系

既然龙泉黑胎青瓷的始烧年代大致在南宋早期，那么它就不宜称为仿官产品，龙泉黑胎青瓷很可能就是明人文献中所述的哥窑。尽管在龙泉烧造黑胎青瓷的窑场不算少，但同一时期内的窑场并不多，在溪口一带也仅有 3 处窑址有遗物存在。这表明龙泉黑胎青瓷的烧造并不是大规模的存在，而是小范围、小规模地发生，也说明黑胎青瓷的烧造技术在南宋时期是高端的制瓷技术，并没有普及生产，其性质或与宫廷有关，龙泉黑胎青瓷与南宋官窑也应有着非常密切的关系。

从外观特征上看，龙泉黑胎青瓷与郊坛下官窑产品非常相似，但釉比郊坛下官窑更透明。而对两者出土瓷器的工艺和物理特性的测试结果也表明它们有许多一致的方面，如显气孔率和吸水率都比较低，说明两者胎质都非常致密。

由于使用的原料不同，郊坛下官窑与龙泉黑胎青瓷胎的化学成分有很大差异，在中科院上海硅酸盐研究所收集测试的 15 个郊坛下官窑瓷胎中，SiO_2、Al_2O_3、Fe_2O_3 的平均含量分别为 67.04%、23.90% 和 3.22%；20 个龙泉黑胎青瓷胎中，SiO_2、Al_2O_3、Fe_2O_3 的平均含量为 63.22%、25.53% 和 4.14%。与龙泉黑胎青瓷相比，郊坛下官窑产品的 SiO_2 含量较高，而 Al_2O_3 和 Fe_2O_3 的含量相对较低。

对釉的化学成分的测试发现，龙泉黑胎青瓷与郊坛下官窑在釉的化学组成上非常相近，有的几乎相同。在釉的化学组成因子载荷图中，两者的化学组成大多数处在一个共同区域，很难分开。在 SiO_2、Al_2O_3、Fe_2O_3、CaO、K_2O 等主要组成上，两者平均含量之差大都不超过 0.5%，只有 CaO 差 0.77%。[4]

郊坛下官窑与龙泉黑胎青瓷釉中存在的物相主要是粒状或针状的钙长石、残留石英及比较大的釉泡，其中引起釉面产生散射效应的颗粒主要是钙长石，有时是残留石英，釉泡只能在界面上散射。物相体积百分率的定量测定结果表明，龙泉黑胎青瓷釉的物相含量低于郊坛下官窑，因此釉显得更透明一些。[5]

龙泉地区的瓷土中 Fe_2O_3 的含量较低，用一种原料无法满足黑胎青瓷的工艺要求，只有在瓷土中掺入一定量

[4] 李家治、吴瑞：《科技研究为官哥等窑的时空定位提供新思路》，《文物保护与考古科学》2006 年第 4 期。

[5] 陈显求等：《南宋郊坛官窑与龙泉哥窑的陶瓷学基础研究》，《中国古陶瓷研究》，科学出版社，1987 年。

的紫金土，才能烧制出官窑那样的黑胎青瓷。通过对龙泉黑胎和白胎两种青瓷的对比分析发现，黑胎中 Al_2O_3、Fe_2O_3、TiO_2 的含量均较白胎要高很多，说明胎中有意加入了大量紫金土。[6]

用反应堆中子活化分析方法对郊坛下官窑和龙泉溪口瓦窑垟窑址采集的黑胎青瓷标本的微量元素进行比较分析研究。结果显示，瓦窑垟窑址似乎并非大规模地稳定生产，而是在分批小量地摸索大同小异的配方，其选料与郊坛下官窑很接近，个别样品的微量元素几乎相同，表明两者之间可能存在密切的关系。[7]

[6] 周仁等：《历代龙泉青瓷烧制工艺的科学总结》，《考古学报》1973 年第 1 期。

[7] 李虎侯：《郊坛下官窑瓷中的微量元素》，《考古》1988 年第 11 期。

6 哥窑的新认识

第一节　传世哥窑

研究哥窑，我们不得不再次提到"传世哥窑"。

要对哥窑做出相对合理的解释，首先需要将哥窑与传世哥窑器作为两个不同的概念对待，这是解决哥窑问题的关键。1949年以后之所以对哥窑的认识越来越模糊，一个重要原因是把传世哥窑混同于哥窑，将"传世哥窑"认定为"哥窑"的标准器。

传世哥窑就是流传下来的、并非出土的"哥窑"器，故特指现藏于北京故宫博物院、台北故宫博物院及上海博物馆等少数博物馆内的一类形似官窑器物而非官窑器物的青瓷器。其釉色多呈炒米黄、月白、灰青、油灰和青黄色等，釉质润泽如酥，釉中纹片大小相间，且普遍经过人工染色，一部分呈"金丝铁线"状；胎质致密，胎色呈深灰、黑灰、浅灰、土黄、土灰色等，多数器物为垫烧，有的还是垫烧和支烧混用；器形按官窑器造型，有各式瓶、炉、洗、盘、罐等。由于至今尚未找到相对应的窑址，其烧造年代又未能确定，故亦只能以"传世哥窑"称之。

1932年，故宫博物院在对清宫遗存的文物清点造册时，发现了一批造型规整，工艺精致，胎色有多种，胎体相对致密，釉色浓淡不一，釉面上有大小不等的开片花纹的青瓷。这批青瓷在清宫记载上既没有产地又没有烧造时间记录，根据当时的认识，分别被标上了"哥窑

宋哥窑青釉葵瓣口盘

宋哥窑弦纹瓶

宋哥窑鱼耳炉

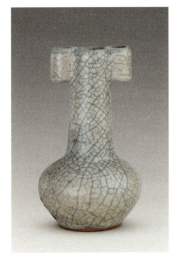

宋哥窑青釉贯耳瓶

宋哥窑青釉海棠式花盆

盘""仿哥窑盘"或"宋哥窑粉青葵瓣口盘""宋哥窑粉青贯耳穿带杏叶壶"等。1936年，时任故宫博物院瓷器专门委员的郭葆昌对宫中瓷器进行了再鉴定，部分结果公布于《参加伦敦中国艺术国际展览会出品图说》中。现在我们看到的定名基本上是依据郭氏所定的名称，而年代基本都是以宋代笼统言之。后来，其他一些博物馆收藏的，以及出土的、与故宫博物院之哥窑特征相似的一类器物，均被称为传世哥窑。

其实，各大博物馆所藏之传世哥窑本就不是一类东西，它们的情况非常复杂。冯先铭先生认为"在传世的不少'哥窑'瓷器中有南宋时期作品，其中有些是属于元代的作品"；同时指出，"从产地说，也恐非一个瓷窑的出品"。[1]汪庆正先生则更直接地指出，"宋哥窑是否存在，要作进一步的深入研究。然而，我们过去把传世哥窑都定在宋代，是肯定有问题的"[2]。把表面特征看似相类实则内涵各异的器物硬凑在一起，以一个标准来对待，本就缺乏科学的态度。而古人对此是分得很清楚的，如清宫档案中，把真正的宋哥窑叫哥窑，把元代仿的叫哥窑型，把明清仿的叫仿哥釉或哥釉、仿哥窑等。

从现有认识看，"传世哥窑"就是一个大杂烩，其名称也是一个伪概念。尽管从表面来看，这些器物的胎釉特征似乎基本一致，但正如冯先铭所说的，时代、产地都不相同，将其作为判定哥窑的普遍标准，也就是把特殊性变成了普遍性，得出的结论就可想而知了。所以要研究哥窑，首先必须将哥窑与传世哥窑区分，将"风马牛不相及的两个瓷窑、两个概念"区分对待，而不能一提起哥窑，就是传世哥窑。另外，不管是哥窑还是其他窑场，都有一个自身的发展过程，不同时期有不同的器物特征，都有发生、发展和衰落的过程，反映在器物上也不可能千篇一律，即使是仿古，也不可能完全一致，这已经被无数的事实所证明。

第二节　金丝铁线不是哥窑的特征

要确定哪些是哥窑，就要看哪些器物具有哥窑特征，首先需要明确，"金丝铁线"不是哥窑的特征，而只是传世哥窑的部分特征。

民国以前，"金丝铁线"只在乾隆年间《南窑笔记》出现过，其描述的对象则为观窑："观窑，出杭州凤凰山下，宋大观年间，命中阉官专督，故名修内司。紫骨青釉，

[1]冯先铭：《哥窑问题质疑》，《故宫博物院院刊》1981年第3期。
[2]汪庆正：《官、哥二窑若干问题探索》，《中国古陶瓷学会第三次年会论文集》，文物出版社，1981年。

出于汝窑，有月白、粉青色，纹片有名金丝铁线、蟹爪诸纹者。"另"哥窑"条记载："哥窑，即名章窑，出杭州大观之后，章姓兄弟，处州人也，业陶，窃做于修内寺，故釉色仿佛官窑。纹片粗硬，隐以墨漆，独成一宗，釉色亦肥厚，有粉青、月白、淡牙色数种。又有深米色者为弟窑，不甚珍贵。间有溪南窑、商山窑仿佛花边，俱露本骨，亦好。今之做哥窑者，用女儿岭釉加椹子石末，间有可观，铁骨则加以粗料配其黑色。"由此，哥窑铁足，釉面莹润多断纹，风格特征近类南宋官窑。两者既有相近的一面，也有所区别，有意思的是两者均出修内司，只是哥窑是"窃做"，是否受了"哥窑烧于私家"的影响，不得而知。从文中描述情况看，《南窑笔记》不像是一个专业人士或对此有研究的人所写。

关于哥窑"金丝铁线"的描述是相当晚近的，大量出现应该是民国以后的事情了。可以说，"金丝铁线"本不是哥窑的特征，凡是有"金丝铁线"特征的器物也基本上都到不了宋，可以说"金丝铁线"是后人强加给哥窑的，哥窑是被"金丝铁线"了。

在当今多数学者眼里，哥窑与其他窑口产品的重要区别就是最为人称道的"金丝铁线"。汪庆正在1992年上海博物馆举办的"哥窑瓷器学术座谈会"的学术总结上说"典型的哥窑器具有米黄釉和'金丝铁线'特征"[3]。汪先生的观点具有普遍性，其实这一认定性提法比较含糊。

孙瀛洲在《谈哥汝二窑》中说："汉唐以来瓦器、瓷器釉上，多有本色细碎纹片，隐约可见，都是自然的纹片，而哥窑的纹片则是人工技巧控制而烧出来的……金丝黄纹出窑时为本色纹，阅时既久、受烟尘的熏染变为黄色……"[4]

陆明华曾将伦敦大学大维德基金会博物馆的五足洗与上海博物馆所藏的五足洗从造型、尺寸、制作工艺等方面进行了细致的比对，发现两者基本一致，但大维德基金会博物馆的五足洗釉面只是单一色的开片，没有黄

[3] 陈克伦：《关于哥窑瓷器的讨论》，《文物》1993年第3期。
[4] 孙瀛洲：《谈哥汝二窑》，《故宫博物院院刊》1958年第1期。

黑交错的"金丝铁线"纹片。所以他认为，"所有传世哥窑器的'金丝铁线'都是后加的，在瓷器入窑烧造或出窑过程中，是不可能产生这样黑与黄交错两种纹片的，我们无论从汝窑、官窑、龙泉窑或其他瓷窑作品中，都无法找到这种风格的作品"。因为"传世哥窑的黑色或黄色纹路均经过加绘色泽。如果我们要根据这些开片的特色去寻找传世哥窑中的金丝铁线作品，那我们可能永远也找不到"。[5]

第三节　龙泉黑胎青瓷是文献中的
哥窑之考证

单一色细开片的作品才是哥窑真正的面貌，所谓"鱼子纹""白圾碎"等名称，说的就应该是各种各样的单一色细开片作品。

在上述认识的基础上，我们根据古代文献关于哥窑器物的描写，还原哥窑特征如下：

①时代：宋

《宣德鼎彝谱》："仿宋哥窑款式"；

《弇州四部稿·说部·宛委余编》："宋时……故曰哥窑"；

《春风堂随笔》："宋时……故名哥窑"。

②地点：龙泉

文献资料认为是处州、龙泉县、琉田，这与龙泉黑胎青瓷主要集中在大窑地区是吻合的。

《春风堂随笔》："皆处州人"；

《弇州四部稿·说部·宛委余编》："宋时，处州"；

嘉靖《浙江通志·地理志》："县南七十里曰琉华山……主琉田窑造青器"。

③胎：黑胎，紫口铁足，胎骨厚薄不一

《格古要论·古窑器论》："旧哥窑……有铁足紫口"；

[5] 陆明华：《传世哥窑问题研究》，《南宋官窑与哥窑》，浙江大学出版社，2004年。

《长物志》："官、哥、汝窑以粉青色为上，淡白次之，油灰最下……"；

《通雅》："今假哥窑碎文不能铁足，铁足则不能声"。

④釉：色青，浓淡不一，粉青为上

《格古要论·古窑器论》："旧哥窑，色青，浓淡不一"；

《弇州四部稿·说部·宛委余编》："兄所作者视弟色稍白而断纹多，号白坂碎"；

《遵生八笺·燕闲清赏笺·论官哥窑器》："官窑品格，大率与哥窑相同。色取粉青为上，淡白次之，油灰色，色之下也"。

⑤总体面貌：与官窑类似

综上，龙泉黑胎青瓷完全符合文献中关于哥窑的特征描述。

首先，龙泉黑胎青瓷之年代，尽管有北宋晚期、南宋早期、南宋中晚期之争议，但基本处于宋代是得到公认的。

前文已经提及，出土龙泉黑胎青瓷最为典型的瓦窑垟窑址，其窑址堆积已被长期以来大规模的盗掘毁坏，在窑炉局部尚存些许原生堆积。在最早的窑炉地层中发现的仅有的两片瓷片均为黑胎，我们有理由相信，此窑场可能从一开始就烧造黑胎青瓷。而在这一窑场中与黑胎青瓷共出之白胎青瓷，特别是出筋的"河滨遗范"碗，可能与黑胎青瓷时代相当或比黑胎青瓷略晚。类似"河滨遗范"、出筋等风格的出现不会晚于南宋早期，那么与其共出、有可能比之还早的黑胎青瓷绝不会晚到南宋中晚期。上海博物馆也对龙泉出土的黑胎青瓷进行了热释光年代测定，在测定的 20 个黑胎青瓷标本中，除一例标本的年代略晚，其余均为南宋早期或更早。所以科技测试也支持黑胎青瓷的出现不会晚于南宋早期的推断。

而小梅瓦窑路窑址出土产品还使用了泥质垫饼垫烧工艺，其年代似乎比瓦窑垟还要略早。

龙泉窑的装烧工艺经历了一个不断摸索变化的过程。

唐、五代，甚至到北宋早期都是泥点垫烧，这一点在近几年的龙泉窑考古中都有新的发现。庆元黄坛窑址、龙泉金村窑址等都出土了一类饼足、施半釉、泥点垫烧的产品，器物具有唐代典型特征。另外在龙泉金沙塔塔基（978年）出土一件青瓷碗。报告中描述为撇口、浅腹、斜壁、圆饼形底，底心微内凹；黄绿色釉，外壁施釉不及底；胎体粗糙，呈灰黄色；外底周缘有半圆形的泥垫支烧印痕5个，底中有墨书"塔"字。报告称该碗显然是建造塔基时人们有意识埋藏进去的，在夯土时被砸碎。[6]从发表的器物图看，不管是器形还是装烧工艺，都与金村出土的饼足底碗完全一致，这既为塔基出土的墨书"塔"字碗找到了生产的窑场，也为窑址出土的此类产品提供了年代下限。[7]

　　北宋早中期，特别是中期以后，龙泉窑的装烧主要采用垫圈支烧的方式，我们可以看到在金村窑址的淡青釉类碗盘器物中，绝大多数使用了垫圈支烧的方法，这与越窑同期大量采用垫圈支烧的方式一致。稍后又出现了黏土垫饼垫烧的方法，器物底足内不施釉。在台州地区的黄岩沙埠窑址和金华一带的窑址等考古调查中，都发现由瓷质垫圈转变为粗制黏土垫饼垫烧的现象[8]，其发生的时间大致均在北宋中期以后，与从龙泉纪年瓷上观察到的现象一致。大维德基金会藏有"元丰三年"（1080年）铭瓶，腹部题刻"粮墉承，贮千万年香酒归去，伯年归后，荫翳千子万孙，永招富贵，长命大吉，受福无量，天下太平，元丰三年闰九月十五，圆日，愿烧上色"[9]，与上述淡青釉是垫圈支烧不同，"元丰三年"瓶是黏土垫饼垫烧，装烧技术已经发生了根本改变。至少在南宋早期，泥饼垫烧的方法被龙泉的窑工所运用，之后的一段时期里，龙泉窑都是使用粗制黏土垫饼垫烧，直至被精细的瓷质垫饼所代替。

　　除了瓦窑垟窑址、瓦窑路窑址，在龙泉窑的核心区域大窑也发现许多窑场烧造黑胎青瓷，甚至在龙泉东区

[6] 浙江省博物馆：《浙江两处塔基出土宋青花瓷》，《文物》1980年第4期。

[7] 金沙塔在清乾隆二十七年（1762年）《龙泉县志》中有记载："金沙塔，在金沙寺，七级皆可登。晋隋唐宋间名士多留题。"由于塔砖上发现过"太平兴国三年"（978年）的纪年文字，故被认定为北宋初。但从县志所讲有晋隋唐时期的题记看，似乎更早，可能后来有修。光绪《处州府志》就说："崇仁寺，县南五里，即金沙寺，五代时建，有华严塔。"华严塔即金沙塔。

[8] 浙江省文物考古研究所：《龙泉东区窑址发掘报告》，文物出版社，2005年。

[9]（英）霍吉淑：《道破玄机：英国大维德爵士所藏中国铭款瓷》，《美成在久》2015年第1期。

松阳县程大雅墓出土梅瓶

的窑场中也有发现。大窑的杉树连山、山头埕、学校后均有黑胎青瓷，目前只能捡拾到零星碎片。

关于龙泉生产厚釉瓷器的年代，以前学界一般认为是南宋中晚期，其依据主要是江西省清江县花果山墓（1205 年）出土的长颈瓶[10]和湖北省武昌卓刀泉任晞靖夫妇合葬墓（1213 年）出土的盘口瓶[11]。花果山墓之长颈瓶，釉层较厚，釉面有微微失透状。任晞靖夫妇合葬墓之盘口瓶，通体施釉，釉层较厚，开细小片纹，釉面乳浊度已经较高，仅圈足底端处刮釉，露出红褐色胎。而在此之前，未见厚釉瓷器之确切纪年。

我们认为，仅以纪年墓出土的厚釉瓷器之出现年代来判定龙泉窑厚釉瓷器之最早生产年代，至少存在几个问题：首先，前述龙泉黑胎青瓷出现的年代为南宋早期，而黑胎青瓷的釉尽管有厚薄之分，但从整个龙泉窑的生产发展看，其基本都可归为厚釉、乳浊产品。龙泉黑胎青瓷本属于高档之宫廷用瓷，是一种特殊的产品，民间并不流行，且由于早期技术不够成熟，烧成率低，数量稀少，故而期望有许多发现并且有确切纪年是很困难的事，而没有发现也并不等于不存在。其二，上述发现的厚釉青瓷都是白胎青瓷，而厚釉青瓷本身也有一个发展过程。如小梅瓦窑路窑址生产的黑胎青瓷，从龙泉窑生产的历史进程来看已经属于厚釉青瓷，但将之放到黑胎青瓷的脉络里则尚处于相对的薄釉阶段（与大窑南宋中晚期之厚釉产品比较显然要薄得多）。所以不能以南宋中晚期之鼎盛时期的标准来界定厚釉青瓷。其三，随着考古工作的积极开展，厚釉青瓷也越来越多地被发现，且年代也越来越早。

浙江省松阳县西屏镇水南横山村程大雅墓（1195 年）出土了 6 件梅瓶，其中 4 件薄釉、2 件厚釉，圈足，底部无釉，留有垫饼痕。有学者认为此瓶盖内口沿留有二次施釉的痕迹，并认为此时龙泉窑已经开始采用多次上釉的工艺[12]。江西省吉水县淳熙二年（1175 年）纪年墓

[10] 黄颐寿：《江西清江出土的南宋青白瓷器》，《考古》1989 年第 7 期。
[11] 湖北省文物管理委员会：《武昌卓刀泉两座南宋墓葬的清理》，《考古》1964 年第 5 期。
[12] 浙江省博物馆：《浙江纪年瓷》，文物出版社，2000 年。

出土之擂钵，其釉已非常厚实。多次上釉工艺是厚釉技术的基础，有了多次上釉工艺，就一定产生了厚釉青瓷。[13] 其实，我们可以看到，在绍兴新昌绍兴二十九年（1159 年）墓中出土之花口出筋碗，其釉已经不能等同于龙泉窑薄釉产品，与北宋之薄釉产品甚至与绍熙年之薄釉产品比较，釉要厚得多，而且呈失透状。

从流传于日本的著名的"蚂蟥绊"青瓷碗，也能对龙泉窑厚釉青瓷的出现年代做一个推测。关于"蚂蟥绊"青瓷碗，江户时代的儒学家伊藤东涯于享保十二年（1727 年）撰写的《蚂蟥绊茶瓯记》中有比较详细的记载：安元初年（1175 年左右），平重盛向杭州的育王山布施黄金，作为回礼，佛照禅师以本茶碗赠之，此后为室町时代将军足利义政（1449~1473 年在位）所有。足利义政因其底部有裂痕，故送回中国要求换一相同之物，但当时的中国已无如此出色的青瓷茶碗，便使用锔子将裂痕补好送回日本。锔子宛如硕大的蚂蟥，故得名"蚂蟥绊"。如果上述所记无误，那么在 1175 年之前，龙泉窑已经在生产公认的厚釉粉青产品。

此外，近几年我们在对龙泉窑进行调查时，在大窑一个绍兴十三年（1143 年）的地层中，已经明确发现了乳浊厚釉的产品，这将龙泉窑生产厚釉产品的年代大大提前，也与前述瓦窑垟黑胎青瓷生产年代大致在绍兴年间的推断相互印证。

所以关于龙泉窑厚釉技术产生于南宋中晚期的观点应该到修正的时候了。一项新的技术的应用和推广，往往首先用于宫廷生产上。由于宫廷的特殊需要，在南宋绍兴初年的低岭头类型窑址中已经开始使用厚釉技术，在一些瓷片的断面可以清晰地看到两三层釉，也就是说，多次施釉的厚釉技术在南宋初就已经在浙江使用。那么离越州比较近的龙泉窑，在其于北宋晚期就已经为宫廷烧造瓷器的情况下，在南宋早期因为烧造宫廷用瓷的需要而应用了厚釉技术，也是顺理成章的事。在大窑绍兴

江西省吉水县淳熙二年墓出土擂钵

"蚂蟥绊"青瓷碗

低岭头窑址出土官窑型瓶

[13] 朱伯谦：《龙泉窑青瓷》，艺术家出版社，1998 年；《浙江纪年瓷》。

十三年（1143年）地层中发现的一些产品的形制与越窑低岭头类型风格非常接近，也从另一个方面佐证了龙泉窑在南宋早期烧造厚釉产品的可能性。赵彦卫《云麓漫钞》卷第十云："青瓷器，皆出自李王，号秘色；又曰出钱王。今处之龙溪出者色粉青，越乃艾色……近临安亦自烧之，殊胜二处。"[14]此书成书于开禧二年（1206年），毫无疑问，这个时期的龙泉窑厚釉技术已达到较高水平。

第二是地点在龙泉。

在文献记载的关于哥窑产地的两个地点中，杭州之凤凰山下已可以明确为元末新烧之新哥窑，或者说是元代仿哥，那么剩下的就是龙泉。首先，龙泉当地的地方志有哥窑的相关记载。作为国家有史、地方有志、个人有谱的古代历史比较认同的地方志中，龙泉是唯一被记载的哥窑产地。其次，在龙泉地区，无论是政府官员还是平民百姓，都知道哥窑、弟窑之传说，这在全国是唯一的。三是直到现在，龙泉窑烧窑之前一定要先祭祀，供奉的对象就是章生一、章生二。四是一直到民国时期，龙泉戏班子的传统剧目一直是章生一和章生二的故事，与传说中的哥窑与章氏兄弟相关的说法一脉相承，这在其他地方也都是没有的。五是龙泉至今尚有章生二社殿，从社殿外围的古木来看应该有相当的年份，梁架上还有光绪六年的题款。但据当地老人介绍，该庙宇至晚也是明代的，于清代从大窑溪对岸迁移过来。哥窑在龙泉，应该是历史事实。

另外，宋代的龙泉窑融合了南北、官民的瓷业工艺成就，达到了青瓷生产的顶峰，是青瓷生产工艺的集大成者，如此都不能入"五大名窑"之列，几乎是不可想象的。哥窑代表的就是龙泉窑。

龙泉黑胎青瓷制品以陈设瓷为主，可概括为薄胎、厚釉、开片、紫口铁足，其造型、釉色、制作工艺与南宋官窑相似。这些特征与文献记载的哥窑特征类似，尤其是胎釉、紫口铁足。称铁足，主要是由于胎中含铁量

[14]（宋）赵彦卫撰，傅根清点校：《云麓漫钞》，中华书局，1996年。

比较高，但只有龙泉地区一直来称黑胎为铁胎、铁骨等。我们从龙泉出土的黑胎青瓷标本来看，确实含铁量较高，甚至小梅瓦窑路窑址散落于地下经过1200℃高温烧制之瓷片的露胎部分竟然生满铁锈。所以把刮釉烧成后的含铁量高的器足称为铁足，恰恰是龙泉工匠们取材于生活的生动写照。

小梅瓦窑路窑址出土之铁胎

另外，从文献中关于开片的描述"白坯碎""浅白断纹"等来看，龙泉黑胎青瓷亦完全符合，在瓦窑路和瓦窑垟的许多产品中，我们都看到类似的情况。瓦窑路产品之开片，明显比一般的纹路要白、要宽，而且是"断纹"、是"白络"，这是其独一无二的一个特征。这也绝不是偶然。

《五杂组》载："定、汝、官、哥四种，皆宋器也。流传至今者，惟哥窑稍易得，盖其质厚，颇耐藏耳。"其对哥窑瓷器的鉴定特征"质厚"，与叶寘《坦斋笔衡》中"江南则处州龙泉县窑，质颇粗厚"颇有异曲同工之妙。这都与胎中 Al_2O_3 含量偏低有关。

综上所述，龙泉黑胎青瓷与文献记载之哥窑特征相符，龙泉黑胎青瓷就是正统的哥窑。

20世纪60年代，周仁对由故宫博物院提供的传世哥窑瓷与浙江龙泉黑胎青釉瓷和白胎青釉瓷以及景德镇仿哥窑瓷标本进行了测试，结果显示"'传世哥窑'不在龙泉烧造之说是可以接受的，龙泉黑胎青瓷可能就是正统的哥窑，这种说法也是有相当根据的"[15]。

第三，哥窑产品的鉴定。

既然龙泉烧造的黑胎青瓷就是哥窑产品，那其去向如何？我们认为，除了现在两岸故宫等收藏单位的哥窑产品中有部分为真正的宋哥窑产品外，也有部分产品已被人为归入官窑产品中。在现有的传世哥窑产品中，确实有许多器物的年代根本到不了宋。宋以后历代都有仿制也是事实，从元末到明清直至民国，仿烧哥窑代代相沿。文献记载，永乐以后，明代御窑（器）厂仿哥之风大盛，

[15] 周仁、张福康：《关于传世宋哥窑烧造地点的初步研究》，《文物》1964年第6期。

各时期均有仿品，水平高下参差不齐。其中，宣德、成化两朝仿品最为著名。乾隆御制诗："铁足腰圆冰裂纹，宣成踵此夫华纷，而今景德翻新样，复古成不易云云。"其中特别提到了宣德、成化的仿哥之作，还有当朝的翻新。另外还有为了某种目的而有意识混淆哥窑的概念。如1941年9月19日，陈万里在日记上写道："此次来龙，曾听某贾（指古董商人）说龙泉古窑址出来黑胎物品，到了上海，专销几位研究古瓷的外国人，就说是杭州乌龟山出来的东西，并且说得煞有介事的，哪一处地方出土，出土的情形是怎样，当然还要编造一串假事实，于是一件龙泉黑胎物就可以冒牌出卖它一个高价。事情既然是这样，所以龙泉的黑胎，虽说是有了这样的幸运，其实可惜了龙泉的真价值，而竟戴上了毫不相干的乌龟山官窑的高帽。"

两岸故宫里那些被认定为官窑和传世哥窑的瓷器，主要是郭葆昌等老先生当年做的分类，有一些可能是凭直观简单分类的，当时陈万里先生就认为这个分类有问题。2010年，北京故宫举办了一次官窑的展览，其中的几件器物，比如三足炉，可以肯定是龙泉烧的，应该列为哥窑，但也被放在官窑列中了。这并不是说展览主办者鉴定有误，而恰恰是主办者对此器物认识的客观表述，因为把哥窑器物与官窑器物有所混淆，从古到今是一直存在的。官、哥不分，官、哥难分，在博物界早有说法。元代孔齐的笔记中更有哥窑"绝类古官窑"的描写。明代高濂在《遵生八笺》中说"官窑品格，大率与哥窑相同……官窑质之隐纹如蟹爪，哥窑质之隐纹如鱼子，但汁料不如官窑佳耳"，既细述了两者之间的区别和联系，也含糊表达了两者之间相互借鉴的意思。传世品中也有这亦哥亦官，官、哥难分的器物。故宫藏有一件葵瓣口小盘，文物底账的名称是"官窑盘"，而盘底刻有乾隆御制诗一首，诗题为"题哥窑盘子"，看来今日专家的认知和两百年前的乾隆皇帝便已有了分歧。而北京故宫博物院等单位收藏的传世哥窑，其基本特征如下：烧成温度不是很高，严格意义上讲就是还没成瓷。用手指敲打，会听到它的声音不很清脆，是沉闷的噗噗的声音。釉色偏黄，表面上看有点油腻的感觉。亚光，基本是生烧品，和官窑的特征区别很明显。金丝铁线非常明显，因为是人为做出来的效果。我们认为，即便它们是哥窑，也绝不是当年窑工所追求的"正品"，因为如果哥窑和官窑一眼就能分开，那还能叫"官哥不分"吗？现在把明显有别于官窑的器物列为哥窑，说明标准可能定错了。

哥窑产品尽管"绝类古官窑，不可不细辨"，但毕竟是可以"区分"的。既然哥窑和官窑不是同类产品，那就有区别，找出区别就得细辨。前述三足鬲炉，看似与官窑产品相似，但细看其足之出脊到底。哥窑产品少量是出脊不到底，但多数是出脊到底，而官窑产品基本不见出脊到底的产品，这就是我们判断上述故宫博物院官窑展览之鬲式炉为哥窑产品而非官窑产品的依据。那么基于同样的理由，1996年出版的《宋官窑特展》图31之北宋官窑粉青鬲式炉是否也应归为哥窑呢？因为北宋官窑的情况更为复杂，对其特征的把握更是少有依据，若哥窑是仿自北宋官窑，北宋官窑也有出脊到底的产品，那就另当别论了。

另外，哥窑产品，尤其是早期产品使用泥质垫饼，由于泥质垫饼与器物本身胎质材料不同，在烧成时收缩率不一致，使得器物的圈足部非常容易变形。而官窑产品有许多是用支钉支烧，显然不会出现圈足变形的情况；即使是使用垫饼烧造的，也都是使用瓷质垫饼，由于瓷质垫饼的材料与器物胎泥基本一致，烧成时同步收缩，故基本不见圈足变形或变形较小。《宋官窑特展》图24之南宋修内司官窑粉青纸槌小瓶，口径5.4、足径5.9、高11.8厘米，粉青开片，足端黑色。底部有乾隆皇帝的题诗："宋时秘色四称名，不及柴窑一片瑛。下视永宣兹又贵，由来品第鲜常衡。"这件器物圈足变形明显，

瓦窑路窑址出土出脊到底之
鬲式炉

圈足变形

较符合龙泉烧造的典型哥窑产品特征。另该书图 12 之修内司官窑月白贯耳弦纹壶，图 22 底刻乾隆御题诗之修内司官窑粉青弦纹瓶（陶成修内司，六岁岁兹贻，火气全消泯，釉光益润滋。几人曾阅赏，五字合题诗。吟罢还自笑，由今视底为。）均倾向于为龙泉所产之哥窑产品。

在哥窑产品中，还经常可以看到把器形做成八边形、六边形等，许多器物有棱有角，文献也多有记载，如《长物志》"哥窑方斗"，《钦定续通志》"哥窑八角把杯酒盏"等。而官窑则流行圆器，八边形、六边形等少见，有少量方口的小瓶等。哥窑产品如八方瓶、八方杯、八方盘、六角菱花式碟（郊坛下官窑有）等比较流行，把杯的鋬也不是做成官窑的圆弧式而是尖状的，有棱有角，都是非常具有特征性的器物。故宫博物院曾对原定为官窑的 7 件小碟进行测试，由于其胎釉元素组成符合北方瓷器特征，故提出是否是文献提及的北宋汴京官窑抑或哥窑还有待于深入研究的论点。其实据我们目测判断，这几件小碟较符合龙泉黑胎青瓷的形式特征，就是说可能是哥窑产品。《宋官窑特展》图 76 之北宋官窑月白八方盘，其底足也不规整，应是哥窑产品。吴兴皇坟山出土的把杯，把鋬圆弧，长期以官窑目之，现在看也应该归为哥窑产品。

哥窑以及龙泉窑产品，还流行蔗段洗，而官窑产品则不见。《宋官窑特展》图 84 之南宋郊坛下官窑灰青葵瓣口小洗，口径 1、足径 7、高 4.4 厘米，一般青瓷，开片，露胎处为铁锈红，其实就是铁分氧化的结果，也是较为典型的哥窑产品。《宋官窑特展》图 5 之北宋官窑月白贯耳弦纹壶，口径 5.2×7.8、足径 5×7.5、高 14.6 厘米，粉青色较淡，开较大纹片，附图的足端明显为灰白胎，也应归为哥窑产品。

哥窑的纸槌瓶与官窑的纸槌瓶也有细微差别，哥窑的纸槌瓶肩部转折明显，微隆起。

此外，哥窑有薄釉产品，尤其是早期，官窑则少见。

现已基本被认作是修内司窑的老虎洞窑址，基本都是厚釉产品，极少看到薄釉产品。[16]官窑釉色普遍泛蓝色，哥窑泛青色、黑青色。官窑开片较小，且多鱼鳞纹，很少单纯大开片者；哥窑则较少见鱼鳞纹，碎开片与大开片均有。哥窑烧成温度稍高，釉色稍暗，透明度略高；官窑温度稍低，釉色粉青、米色多，乳浊性大，透明度低。

至于2011年故宫科技测试时打破的哥窑盘子，发掘方南京方面认为是官窑产品。

哥窑产品之琮式瓶，尖唇直立，折肩，方体直腹，整器用模制拼接而成。郊坛下也有类似产品，但不见老虎洞窑址之圆唇内折、短颈、直筒腹外壁对称堆贴四组装饰附件、上下五层、平底内凹的琮式瓶。

传世哥窑器中圈足的处理方法不同于宋官窑而与龙泉厚釉器相类似，也是值得注意的问题。哥窑的底足也颇为特别，其圈足底边狭窄平整，非宽厚凹凸，足之内墙深长、外墙浅短，难以用手指提拿起来。

第四节 结语

综上，龙泉生产的黑胎青瓷是宋代哥窑、其特征与官窑相近、产品为皇家生产的观点，是可以接受的。而曾被认作可能是哥窑的老虎洞窑场，实为"元末新烧"的仿宋哥窑产品烧造地。近年来龙泉南区新发现米黄釉产品，表明龙泉也是"传世哥窑"的重要生产地之一。所谓的"金丝铁线"，为民国及以后产生的概念，明显是后代人为添加，以此来作为哥窑的特征显然是错误的。

在上述认识的基础上，我们还必须明确以下几点：

首先，哥窑本身有一个发生、发展的过程，所以其窑场应不止一处，年代也有一个延续时间。从现有考古材料来看，尽管从大的区域来说，哥窑产地在龙泉，但在龙泉却分布有几处窑场。我们不仅在一直以来密切关

[16] 这也是今后值得进一步研究的课题，因为研究者将郊坛下官窑产品区分为厚胎薄釉和薄胎厚釉前后两个发展时期，而作为早于郊坛下官窑之老虎洞窑址，则基本为厚釉产品，是什么原因使得事物的发展规律发生了变化呢？

注的溪口瓦窑垟窑址和大窑岙底等地找到了黑胎青瓷产品，在小梅瓦窑路、石隆也找到了生产黑胎青瓷的窑场，2012 年更是在龙泉东区的窑场中新发现了黑胎青瓷的产品，而且似乎在龙泉地区许多两宋之际的窑场中都有黑胎青瓷的生产。黑胎青瓷往往与"河滨遗范"青瓷共出，这给我们研究龙泉黑胎青瓷和哥窑开辟了一条新思路，其实这也是古代龙窑烧造瓷器规律的客观反映。接到中央政府烧造瓷器的任务，由于是有别于普通瓷器标准，是与原来白胎瓷器不同的黑胎，而且是厚釉瓷器，除了窑炉还是龙窑以外，不管是制作还是烧造，几乎都是全新的工艺，故需要在许多在烧的窑场中选择符合烧制要求的窑场来承担任务，这也是为什么龙泉的许多窑场都有黑胎青瓷产品发现的原因。根据现有资料推测，可能先在龙泉东区的张村、小梅的瓦窑路等地试烧产品，同时在溪口瓦窑垟以及大窑等地一同烧造，一是为了选择合适的胎料，二是对新的厚釉工艺进行实验。也许是龙泉东区和小梅的胎料不很适合黑胎青瓷的烧造，所以又在溪口瓦窑垟烧造了一段时间，但时间不长。最后可能是大窑的胎料更适合（这一点从现在来看也是），所以也放弃了溪口瓦窑垟一带，而集中在大窑进行生产，并在大窑把这一生产工艺发扬光大，一直延烧至元。

既然选择好了地点，有了合适的胎料，为何同时在几处不同的窑场烧造同类产品，而不是集中在一个窑场生产？这也当与烧成有关。南方烧造瓷器基本上都是龙窑，而龙窑生产是极其复杂的，在古代龙窑烧成率低下的情况下，尽管一条龙窑的装烧量看似比较大，但靠一个窑场是根本无法满足生产的。不管是唐宋时期的越窑，还是汝窑、南宋低岭头类型窑址，更不用说明清景德镇御窑厂，都需要几个窑场或几条窑同时生产才能满足宫廷的需要。况且，除了各种因素导致窑炉的装烧量与常人的理解有较大差距以外，烧成率的低下也是一个窑场无力承担宫廷任务的原因之一。北宋余姚县令谢景初作

《观上林埕器》："作灶长如丘，取土深于堑。踏轮飞为模，覆灰色乃绀。力疲手足病，欲憩不敢暂。发窑火以坚，百裁一二占。里中售高价，斗合渐收敛。持归示北人，难得曾罔念。贱用或弃扑，争乞宁有厌。鄙事圣犹能，今予乃亲觇。"[17]明确提到"百裁一二占"。而在1944年宝溪乡乡长陈佐汉给龙泉县县长徐渊若的报告中更直言："百器之中而获美满完璧者，不过区区数件耳。"[18]而宫廷用瓷的标准肯定是属于这"一二占"和"区区数件"之中。所以即使是在溪口，也有瓦窑垟的两处窑场和大磨涧边窑场烧造黑胎青瓷。

除了有多处窑场同时烧造以外，龙泉黑胎青瓷烧造的时间也有一个发展过程。从小梅瓦窑路和溪口瓦窑垟窑址，我们推断其年代为南宋早期，是否更早现在尚无明确证据，但黑胎青瓷的烧造从南宋早期一直延烧整个南宋时期，甚至进入元代还在烧造，却是不争的事实——我们在大窑岙底的窑址中，就发现黑胎青瓷瓷片与八思巴文刻款同类器物粘在一起的标本。这是否就是"中统（1260~1264年）以来，杂金宋祭器而用之，至治（1321~1323年）初，始造新器于浙江行省，其旧器悉置几阁"[19]之新器，尚需今后的考古工作来证实。但至少说明，龙泉黑胎青瓷的烧造是长期的，其本身有一个发生、发展的过程，不同时期的产品有不同的特点。从黑胎产品的薄釉（相对于典型的厚釉产品而言，但比龙泉窑早期如北宋白胎的薄釉产品要厚）到厚釉，从开片到不开片，不同阶段呈现了特征差异。拿南宋中晚期来框定整个龙泉黑胎青瓷的生产时间显然是简单化了，也与客观事实不符。

其次，应把所谓的"传世哥窑"瓷器做一个分类，该归宋代哥窑的归宋代哥窑，仿哥的归仿哥，元代仿哥归元代仿哥，明代仿哥归明代仿哥，清代仿哥归清代仿哥，而不是把不同时期的器物全部放在一个框里，作为一个个体来对待。

[17]（宋）谢景初：《观上林埕器》，《会稽掇英总集》，文渊阁四库全书本。
[18]龙泉民国档案。
[19]《元史》卷七十四。

　　对"传世哥窑"瓷器的分类，故宫博物院已经着手进行了。2011年，故宫博物院对哥窑器物进行测试，这是故宫博物院的学者们意识到了传世哥窑的复杂性和存在的问题，希望能够通过对器物特征的归类，以及胎釉成分的科学检测，把所有故宫收藏的原定为哥窑的器物按不同的检测结果归为不同的类别，再通过年代的分析把不同类别的哥窑器物分别归为不同时期的哥窑或仿哥窑产品，最后与各自特征相近的考古标本进行胎釉比较检测，以确定哪个时期的哪类产品是属于哪个地区烧造的。这是一种科学的研究态度，也是实事求是解决哥窑问题的一把钥匙。只是此项工作刚刚起步，我们衷心希望能尽快厘清哥窑的真相。

　　最后，既然把哥窑与仿哥分开了，那么"传世哥窑"的名称就没有存在的必要，是否可以叫哥窑、明代仿哥或者雍正仿哥，或者称元代哥窑、明代哥窑、雍正哥窑呢？